《全国预备检察官培训系列教材》
编委会

编委会主任： 李如林　王少峰

编委会委员： 胡尹庐　王卫东　黄　河　陈国庆
　　　　　　　徐进辉　李文生　袁其国　郑新俭
　　　　　　　穆红玉　宫　鸣　宋寒松　胡卫列
　　　　　　　阮丹生

编委会办公室： 朱建华　常　艳　郭立新

国家检察官学院
全国预备检察官培训系列教材

编委会主任／李如林 王少峰

检察官职业素养教程

JIANCHAGUAN ZHIYE SUYANG JIAOCHENG

胡尹庐 胡卫列／主编

中国检察出版社

《检察官职业素养教程》
主编及撰写人员

本册主编：胡尹庐　胡卫列

撰写人员：王艳敏（专题一）

　　　　　　常　艳（专题二、专题九、专题十）

　　　　　　郭立新（专题三、专题六）

　　　　　　张剑文（专题四）

　　　　　　薛伟宏（专题五）

　　　　　　石少侠（专题七）

　　　　　　温　辉（专题八、专题九、专题十）

　　　　　　沈海平（专题十一）

出版说明

建立预备检察官训练制度，是中央深化司法体制改革的重要内容。为适应这项培训工作的需要，我们编辑出版了《全国预备检察官培训系列教材》。本系列教材一共 10 本，包括《检察官职业素养教程》、《侦查监督业务教程》、《公诉业务教程》、《反贪污贿赂业务教程》、《反渎职侵权业务教程》、《刑事执行检察业务教程》、《民事行政检察业务教程》、《控告举报检察业务教程》、《刑事申诉检察业务教程》及《职务犯罪预防业务教程》。经编委会审定，作为国家检察官学院和全国预备检察官培训的指定教材。

本套教材重点介绍预备检察官应知应会的业务知识和业务规范，注重业务技能及实务经验的传授和职业素养的养成，通过文书范例和典型案例着力解析预备检察官在各项检察业务工作的重点、难点问题，力争使教材内容涵盖检察官基本职业素养、基本业务规范和基本业务技能，适应预备检察官岗位素质和业务能力培养的要求，使预备检察官通过培训具备履行检察官职务的素养和能力。

为体现本套教材突出实务、实用、实战的要求，我们聘请了最高人民检察院各业务厅局的业务骨干和国家检察官学院的教师担任撰稿人，发挥他们在检察实务和检察官培训方面的专长，确保教材质量。

由于预备检察官培训尚处于探索阶段，教材难免有不完善和疏漏之处，敬请读者批评指正。

编委会

2014 年 12 月 25 日

目 录

第一部分 检察官政治素养

专题一 中国特色社会主义理论 ……………………………………（3）
  一、中国特色社会主义理论概述 ………………………………（3）
  二、中国特色社会主义理论的创新与发展 ……………………（5）
  三、中国特色社会主义理论与检察官思想政治修养 …………（13）

专题二 社会主义法治理念与法治思维 …………………………（18）
  一、社会主义法治理念 …………………………………………（18）
  二、法治思维 ……………………………………………………（26）
  三、检察官践行社会主义法治理念，恪守法治思维的要求 …（30）

专题三 法治中国建设
      ——习近平总书记法治思想及重要讲话精神 …………（34）
  一、"法治中国"话语体系的形成及其意义 ……………………（34）
  二、"法治中国"建设的主要内容 ………………………………（38）

专题四 检察官的媒介素养 ………………………………………（45）
  一、检察官媒介素养的重要性 …………………………………（45）
  二、检察官需要什么样的媒介素养 ……………………………（46）
  三、检察官媒介素养的养成 ……………………………………（54）
  四、检察机关如何在媒介化社会实施法律监督 ………………（57）

第二部分 检察官法律素养

专题五 中国特色社会主义检察制度的历史渊源与发展 ………（61）
  一、中国特色社会主义检察制度 ………………………………（61）
  二、中国特色社会主义检察制度的历史渊源 …………………（62）
  三、中国特色社会主义检察制度的形成与发展 ………………（68）

专题六　检察机关的宪法地位及其理论基础 ……………………（72）
　一、检察机关的宪法地位 ………………………………………（72）
　二、检察机关法律监督的内涵和特点 …………………………（74）
　三、检察机关法律监督的功能 …………………………………（80）
　四、检察机关法律监督在国家权力监督体系中的地位 ………（82）

专题七　检察改革 ………………………………………………（87）
　一、检察改革概述 ………………………………………………（87）
　二、深化检察改革的主要任务 …………………………………（92）

专题八　检察官法律思维及其养成 ……………………………（99）
　一、什么是法律思维 ……………………………………………（99）
　二、检察官思维是经验思维 ……………………………………（102）
　三、检察官思维是对话思维 ……………………………………（105）
　四、检察官思维是批判性思维 …………………………………（108）
　五、检察官思维是价值思维 ……………………………………（110）
　六、检察官法律思维的养成 ……………………………………（112）

第三部分　检察官职业伦理

专题九　检察官职业伦理认知 …………………………………（117）
　一、法律职业伦理基本范畴 ……………………………………（117）
　二、检察官职业伦理的基础 ……………………………………（120）
　三、检察官职业伦理的必要性 …………………………………（124）

专题十　检察官职业伦理规范 …………………………………（130）
　一、法律职业伦理规范的基本构造 ……………………………（130）
　二、检察官职业伦理规范基本框架 ……………………………（134）
　三、检察官职业伦理规范的主要内容 …………………………（140）

专题十一　检察官职业伦理养成 ………………………………（151）
　一、推进检察职业共同体建设 …………………………………（152）
　二、构建科学的检察职业伦理规范体系 ………………………（155）
　三、强化和提升检察人员对检察职业伦理的认知和信念 ……（158）
　四、健全完善检察职业伦理实践机制 …………………………（165）

第一部分
检察官政治素养

专题一　中国特色社会主义理论

建设中国特色社会主义是当今中国的时代主题。本专题简要阐述了中国特色社会主义理论的形成和发展、中国特色社会主义理论的基本轮廓、基本内涵、核心理念及其历史地位，并对预备检察官践行中国特色理论体系提出了要求。

一、中国特色社会主义理论概述

（一）中国特色社会主义理论的形式

1. 中国特色社会主义理论是党对基本问题认识的升华。自党的十三大明确提出"中国特色社会主义的理论"概念之后，党对中国特色社会主义的理论作过多次概括，对它的认识不断丰富和完善。党的十七大正式提出了"中国特色社会主义理论体系"概念，并对其内容作了概括。党的十八大又进一步对中国特色社会主义理论体系的内容作了全面的概括。"中国特色社会主义理论体系，就是包括邓小平理论、'三个代表'重要思想、科学发展观在内的科学理论体系，是马克思列宁主义、毛泽东思想的坚持和发展。"中国特色社会主义理论体系的形成过程，实际上是中国共产党对"什么是社会主义、怎样建设社会主义，建设什么样的党、怎样建设党，实现什么样的发展、怎样发展"基本问题认识的深化和提升，也是对共产党执政规律、社会主义建设规律、人类社会发展规律认识的深化和提升。

2. 中国特色社会主义理论成果既一脉相承又与时俱进。中国特色社会主义理论是马克思主义与中国实际相结合第二次历史性飞跃的产物，是在毛泽东思想的宝贵经验和理论准备基础上形成和发展的。探索的主题都是为了回答如何建设和发展中国特色社会主义的问题；理论的精髓都是解放思想、实事求是、与时俱进；它们的基本理论观点也是一致的，例如都坚持时代主题理论、社会主义本质理论、社会主义初级阶段理论、改革开放理论、市场经济理论和党的基本路线及三步走的战略等。它们之间又是与时俱进的关系，因为当代中国的具体实际和时代的具体内容是在不断发展变化的，会不断地出现新情况、新矛盾、新问题，我们必须不断地把马克思主义与新的实际相结合，并不断地吸收和借鉴人类文明成果，以解决改革开放和现代化建设发展所面临的新问题,把中国特色社会主义理论持续地向前推进。

邓小平理论的形成具有历史性转折的背景和开创新道路新理论的意义,它启动了马克思主义中国化的第二次飞跃,作出把党和国家工作重心转移到经济建设上来、实行改革开放的历史性决策,深刻揭示了社会主义本质、确立了社会主义初级阶段基本路线,比较系统地回答了中国特色社会主义的一系列基本问题,初步形成了中国特色社会主义理论的科学体系,开创了马克思主义在中国发展的新阶段,是中国特色社会主义理论体系的奠基理论。

以江泽民同志为核心的党的第三代领导在国内外形势十分复杂、世界社会主义出现严重曲折的严峻考验面前捍卫了中国特色社会主义,创建社会主义市场经济体制,开创全面开放新局面,推进党的建设新的伟大工程,进一步回答了什么是社会主义、如何建设社会主义的问题,创造性地回答了"建设什么样的党、怎样建设党"的问题,创立了"三个代表"重要思想,实现了党的指导思想上的又一次与时俱进,把中国特色社会主义成功地推向了 21 世纪。

新世纪新阶段,以胡锦涛同志为总书记的党中央紧紧抓住重要战略机遇期,着力推动科学发展、促进社会和谐,完善社会主义市场经济,全面建设小康社会,提出了科学发展观等重大战略思想,明确提出了"中国特色社会主义理论体系"这一科学命题,并对"中国特色社会主义理论体系"的科学内涵、重要地位等一系列问题进行了精辟论述,成功地在新的历史起点上坚持和发展了中国特色社会主义。

党的十八大以来,以习近平同志为总书记的党中央,统筹国内国际两个大局,围绕坚持和发展中国特色社会主义、实现中华民族伟大复兴的中国梦,全面深化改革开放,提出了许多富有创见的新思想新观点新论断新要求,深刻回答了新形势下党和国家发展的一系列重大理论和现实问题,进一步升华了我们党对中国特色社会主义规律和马克思执政党建设规律的认识。

(二) 中国特色社会主义理论的历史地位

1. 中国特色社会主义理论继承与发展了马克思主义。中国特色社会主义理论体系的形成,是马克思主义在当代中国运用和发展的历史必然、逻辑必然。这一理论体系同毛泽东思想一样,在坚持马克思主义的同时,也进一步发展了马克思主义。中国特色社会主义理论体系对马克思主义的坚持和发展,集中体现在它对当代中国及世界相关问题的解答中,反映在它所提出的一系列基本理论观点上。

2. 中国特色社会主义理论是中国共产党领导社会主义现代化建设的指导思想。中国特色社会主义理论体系是我们党开辟和坚持中国特色社会主义道路的行动指南。改革开放 30 多年来,在坚持走中国特色社会主义道路的过程中,我们遇到了许多的困难和需要解决的问题，中国特色社会主义理论体系都对之作出了科学的解答。中国特色社会主义理论，既坚持了科学社会主义基本原则，又根据时代条件赋予其鲜明的中国特色，从理论和实践结合上系统地回答了中国这样一个人口多底子薄的东方大国"建设什么样的社会主义、怎样建设社会主义"这些根本问题，使我们国家快速发展起来，人民生活水平快速提高起来。

3. 中国特色社会主义理论对国际共产主义运动具有借鉴意义。中国特色社会主义理论体系，不仅成功地领导了我国的现代化建设，还对其他社会主义国家的现代化事业有借鉴意义，为实践中的社会主义提供许多重要启示。比如，要坚持马克思主义的指导地位和马克思主义本土化，建设社会主义必须走自己的道路，要处理好与资本主义的相互关系，通过发展来体现社会主义的相对优势，要不断提高执政党的执政能力与执政水平，等等。

二、中国特色社会主义理论的创新与发展

改革开放30多年来，中国特色社会主义理论体系的形成、丰富和发展，同坚持用邓小平理论、"三个代表"重要思想以及科学发展观等重大战略思想武装全党、指导实践、推动工作是紧密结合、相互促进、内在统一的。

（一）邓小平理论的改革与创新

"邓小平理论"这一概念是在1997年党的十五大上首次提出来的，它是在1982年党的十二大提出"走自己的路，建设有中国特色社会主义"命题、十三大提出"建设中国特色社会主义理论"概念、十四大提出"邓小平同志建设有中国特色社会主义理论"概念等基础上逐步发展而来的。邓小平理论是实践的理论，是创新的理论。

1. 突破苏联模式，开创中国模式。中国特色社会主义建设，从一开始就关注苏东国家的发展变化，并从中总结经验教训，邓小平指出："不坚持社会主义，不改革开放，不发展经济，不改善人民生活，只能是死路一条。"中国模式在以下三方面突破了苏联模式的束缚：

（1）在发展生产力与改善人民生活方面。苏联模式不注重发展民用工业与改善人民群众生活，苏东国家长期处于"短缺经济"状态，与周边资本主义国家相比存在较大反差。总结苏东国家发展的经验教训，我国制定了以经济建设为中心，大力发展生产力的任务。在南方谈话中，邓小平又提出"发展是硬道理"，把发展作为中国特色社会主义的主题，并从社会主义本质的高度强调生产力发展的重要性。

（2）在改革方面。苏东国家虽然也一直进行改革，比如，苏联从赫鲁晓夫到勃列日涅夫又到安德罗波夫再到契尔年科，一直都在改革。但是，从根本上说，苏东国家只是在原有模式的框架内进行修补，并没有认识到改变原有体制的模式。总结苏东国家在改革问题上的得失，邓小平指出："社会主义基本制度确立以后，还要从根本上改变束缚生产力发展的经济体制，建立起充满生机和活力的社会主义经济体制，促进生产力的发展，这是改革。"[①] 邓小平同志始终坚定不移地推行改革，把改革视为中国的第二次革命，是社会主义发展的动力。对于阻碍改革开放进程的姓"资"还是姓"社"的争论，邓小平反复强调"不争论"，他进而提出了"三个有利于"的判断标准。坚持改革与开放并行的政策，大胆吸收人类文明的一切成果，包括资本主义国家的文明成果。在改革进程中，始终强调稳定压倒一切。

（3）在处理与资本主义国家的关系方面。第二次世界大战后，苏东国家无视世界资本主义发展的趋势，在斯大林"两个平行市场"理论的指导下，建立了经互会，作为与资本主义相平行的市场，拒绝与资本主义国家进行经济技术交往，封闭发展。邓小平指出："社会主义要赢得与资本主义相比较的优势，就必须大胆吸收和借鉴人类社会创造的一切文明成果，吸收和借鉴当今世界各国包括发达资本主义国家的一切反映现代化社会化生产规律的先进经营方式、管理方法。"[②]

2. 突破我国计划经济体制，开创中国特色社会主义建设事业。邓小平同志敏锐地把握住时代主题的变化，并进行了实事求是的分析，在1984年指出："现在世界上真正大的问题，带有全局性问题，一个是和平问题，一个是经济问题，或者说发展问题。"[③] 由此，中国经过拨乱反正，突破计划经济体制束缚，通过改革开放，开创了中国特色社会主义道路。主要有如下突破：

（1）从"以阶级斗争为纲"到"以经济建设为中心"。邓小平针对整个世界和平与发展的趋势以及新一轮产业结构调整的发展机遇，提出要以经济建设为中心，加快发展："今后除非发生大规模外敌入侵，无论在什么情况下都不能动摇这个中心。抓住时机，发展自己，关键是发展经济。现在周边一些国家和地区经济发展比我们快，如果我们不发展或发展太慢，老百姓一比较就有问题了。"[④] 在南方谈话中，邓小平又提出了"发展是硬道理"的论断。

---

① 《邓小平文选》（第3卷），人民出版社1993年版，第370页。
② 中共中央党校教务部编：《十一届三中全会以来党和国家重要文献选编》（下），2003年版，第20页。
③ 《邓小平文选》（第3卷），人民出版社1993年版，第105页。
④ 《邓小平文选》（第3卷），人民出版社1993年版，第375页。

(2) 从"关起门来搞建设"到对外开放的转变。根据全球化时代整个世界联系日益密切的现状，邓小平同志提出了两个论断，一个是"现在的世界是开放的世界"①，另一个是"中国的发展离不开世界"②。

(3) 提出了"科技是第一生产力"的论断。邓小平一再强调：四个现代化，关键是科学技术。他在1988年提出"科技是第一生产力"的论断。他说："马克思说过，科技是生产力。事实证明这话讲得很对。依我看，科技是第一生产力。"③

(4) 从结盟外交到独立自主的和平外交政策的转变。20世纪80年代以来，我国从整个国际环境的变化出发调整了外交政策，奉行独立自主的和平外交政策，真正不结盟。"中国的对外政策是独立自主的，是真正的不结盟。中国不打美国牌，也不打苏联牌，中国也不允许别人打中国牌。中国对外政策的目标是争取世界和平。"④

3. 突破陈规，开拓了马克思主义的新境界。邓小平理论始终坚持马克思主义的基本原则，"二十年的历史教训告诉我们一条最重要的原则：搞社会主义一定要遵循马克思主义的辩证唯物主义和历史唯物主义"。⑤ 他反复强调，老祖宗不能丢，丢了就会葬送社会主义。邓小平始终以马克思主义为行动指南，坚持从马克思主义的立场、观点和方法出发去分析和解决当代中国的实际问题，修正了马恩著作中个别过时的观点，纠正了以往强加于马克思主义的错误观点，解决了前人没有来得及解决的问题。比如，破除"两个凡是"的思想束缚，坚持实践是检验真理的唯一标准；破除超越阶段的"左"的观念和政策，坚持用社会主义初级阶段这个基本国情作为制定一切路线、方针、政策的依据；破除离开生产力谈论社会主义的历史唯心主义史观，坚持以"三个有利于"作为考察一切问题的出发点和检验各项工作的标准；等等。

(二) "三个代表"重要思想

2000年2月，江泽民同志在广东考察时首次明确提出了"三个代表"重要思想的内容；2000年10月十五届五中全会与2001年9月十五届六中全会给予充分肯定，"三个代表"在内容上有了很大拓展，并且开始使用"三个代表重要思想"这一规范化提法。2002年11月，十六大报告把"三个代表"重要

---

① 《邓小平文选》（第3卷），人民出版社1993年版，第64页。
② 《邓小平文选》（第3卷），人民出版社1993年版，第78页。
③ 《邓小平文选》（第3卷），人民出版社1993年版，第274页。
④ 《邓小平文选》（第3卷），人民出版社1993年版，第40页。
⑤ 《邓小平文选》（第3卷），人民出版社1993年版，第369页。

思想作为我们党成立以来特别是1989年以来历史经验的基本总结。

1. 世情、国情、党情的新变化与"三个代表"重要思想的提出。"三个代表"重要思想是在科学判断党的历史方位的基础上提出来的。苏东剧变,两极格局解体,新的世界格局还未建立起来,世界格局多极化趋势在曲折中发展,复杂多变的国际形势要求执政的中国共产党具有高超的驾驭能力。世纪之交,世界一批长期执政的老牌政党丧失政权,党需要继续探索执政规律。从国内背景来看,改革开放进程中中国社会阶层的分化、利益格局的调整以及利益主体多元化要求我们党及时进行利益整合。从党的自身发展看,经过80年的发展,党的队伍,党所处的地位与执政环境,党所肩负的任务,都发生了重大变化。新的环境与地位对党的执政能力提出了新挑战与新要求,"三个代表"重要思想反映了世界和中国的发展变化对党和国家的新要求。

2. "三个代表"重要思想的科学内涵。主要包括以下三个方面:

(1) 代表中国先进生产力的发展要求。先进生产力的发展,是党的力量的物质来源,是巩固和加强党的执政地位坚实的物质基础。代表先进生产力发展的要求,不断解放和发展生产力,是实现广大人民根本利益的必然要求和必由之路,是社会主义的本质特征和根本任务。世界社会主义运动史说明,是否代表先进生产力的发展要求,是执政的共产党也是社会主义事业兴衰成败的根本问题。代表先进生产力的发展要求,也就是解放和发展生产力,其实质是人的解放和发展,其中心是摆正社会主义建设过程中政治与经济的关系。

(2) 代表中国先进文化的前进方向。一个不重视文化建设的国家是没有凝聚力的国家,也是不可能强大的。如果说代表先进生产力的发展要求是"硬件"问题,那么代表先进文化的前进方向则是"软件"问题。"硬件"、"软件"缺一不可。当代中国的先进文化,就是与中国社会主义现代化进程相适应的精神价值体系和社会生活方式,是与建立社会主义市场经济和民主政治的要求相适应的精神价值体系和社会生活方式。代表先进文化的前进方向,要正确对待马克思主义,必须进一步消除教条主义的影响;正确对待民族传统文化,必须在弘扬民族传统文化方面加大力度;正确对待外来文化成果,必须进一步解放思想,注重吸取外国的优秀文化成果。

(3) 代表中国最广大人民的根本利益。最广大人民的根本利益,是我们党的力量的主体来源。共产党代表先进生产力的发展要求、代表先进文化的前进方向,其落脚点是实现、发展和维护广大人民群众的根本利益。这是党的宗旨、本质特征和一切工作的根本出发点,也是无产阶级政党区别于其他政党的显著标志。它体现了维护党自身的先进性和社会基础广泛性的统一。江泽民同志反复强调,一个政权也好,一个政党也好,其前途与命运最终取决于人心向背,不能赢得最广大群众的支持,就必然垮台。①

3. 把握"三个代表"重要思想必须厘清的认识误区。当前,就"三个代表"重要思想的贯彻落实问题,存在一些困惑。有人说,"三个代表"没有提代表工人阶级,意味着工人阶级不再是先进生产力的代表,党的阶级基础也不再是工人阶级;还说,党代表最广大人民的根本利益,意味着党不是工人阶级政党而是"全民党"了。有人认为,党是工人阶级的先锋队,如果允许诸如个体户、私营企业主这样的社会阶层成员入党,党就会变质,就不再是工人阶级政党,就会蜕变为"全民党"。

澄清上述困惑,首先要搞清楚政党、执政党以及全民党各自的含义及三者之间的关系问题:

(1) 政党是代表部分的,是有阶级性的,这是对政党含义的基本界定。"全民党"这一提法本身不科学。中国共产党是中国工人阶级的先锋队,这不仅是党章明确规定的,而且也是我们党的全部历史所反复证明了的。

(2) 政党掌握了政权,成为执政党,就必须实现全民利益的整合,具有广泛的代表性,以获得最广泛的群众基础,使执政地位巩固。

(3) 不能把个人出身作为判断党员政治上先进与否的标准。我们党是工人阶级的先锋队,但党员成分从来都不是清一色的工人,在不同历史时期,都有工人以外的其他社会成员加入党的队伍。现阶段我们的党员,除工人以外,还有农民、知识分子、军人、干部等。因此党的阶级基础与党员成分有联系,但毕竟是两回事。党员成分的多样性,并不会改变党的工人阶级先锋队性质,因为我们党有马克思主义的科学理论作指导。

(4) 不能把党的性质与党员成分混淆在一起。建设有中国特色的社会主义事业,需要全社会各方面的优秀分子参加,党既需要增强阶级基础,同时又必须扩大群众基础。因此认为吸收新的社会阶层成员入党会改变党的性质的顾虑是不必要的。

(5) 不能简单地把有没有财产、有多少财产作为判断人们政治上先进与落后的标准,而主要看他们的政治思想状况和现实表现,看他们的财产是怎么得来的以及对财产怎么支配使用,看他们以自己的劳动对建设中国特色社会主义事业所作的贡献。

(三) 科学发展观

2003年8月,胡锦涛同志在江西考察时提出了"科学发展观"的概念,同年的十六届三中全会对科学发展观进行了完整表述:"以人为本,全面协调

---

① 黄苇町:《苏共亡党十年祭》,江西高校出版社2010年版,第212页。

可持续发展。"到十七大,科学发展观的内涵不断深化:第一要义是发展,核心是以人为本,基本要求是全面、协调、可持续发展,根本方法是统筹兼顾。

1. 基本内涵。提出科学发展观,并非否定发展,也不是放弃发展,而是仍把发展作为"第一要义",视为"硬道理"和"党执政兴国的第一要务"。发展是当代中国社会的主题,也是中国特色社会主义的主题,现存问题必须"用发展的办法解决前进中的问题"。在新阶段,发展依然是全国人民所关注的中心问题,依然是解决中国所有问题的关键。正因如此,我们党才把发展确定为执政兴国的第一要务,提出要"聚精会神搞建设,一心一意谋发展"。

科学发展观的本质与核心是以人为本。"以人为本"关键要把握好两点:把人作为发展的目的而非手段,发展的成果要惠及绝大多数人;让人充分参与发展实践,调动人的积极性、主动性。以人为本,就是把广大人民群众的整体利益放在首位,充分实现广大人民群众的根本利益,要反映和兼顾不同群体利益,协调好各方面利益关系,同时要关心每一个人的利益要求,关心人的价值、权益和自由,满足人的发展愿望和多样性的需求。以人为本所体现的是整体、群体和个体利益的有机统一。真正做到以人为本,践行党"全心全意为人民服务"的宗旨和"立党为公、执政为民"的基本执政理念,"情为民所系,权为民所用,利为民所谋",党与群众的关系才能够达到"上能同甘苦,下能共安危"。

"全面发展",就是以经济建设为中心,推动经济、政治、文化和社会建设,实现经济发展和社会发展全面进步。因为作为国家发展结构的重要组成部分,四者间会呈现出异常复杂的互动关系,也就是说任何一种因素的变量,都可能成为影响其他因素乃至全局发生变化的依据。因此,追求发展的相对平衡,就成为决定一个国家健康发展的重要问题了。

"协调发展",是指经济社会之间、城乡之间、区域之间、国内国外之间还有人与自然之间的发展要相互衔接、相互促进,实现良性互动。

"可持续发展",是指促进人与自然的和谐,实现经济发展与人口、资源、环境相协调,坚持走生产发展、生活富裕、生态良好的文明发展道路。20世纪90年代中期,党把正确处理经济建设与人口、资源和环境的关系作为事关社会主义现代化建设全局的最大关系之一,确立并开始实施可持续发展战略。十六大把"可持续发展能力不断增强,生态环境得到改善,资源利用率显著提高,促进人与自然的和谐,推动整个社会走上生产发展、生活富裕、生态良好的文明发展道路",作为实现全面小康社会的目标。十七大提出了生态文明目标。

统筹兼顾是根本方法。十六届三中全会在提出科学发展观的同时，强调要把统筹兼顾作为协调好改革进程中各种利益关系的指导原则，并提出了"五个统筹"。十七大报告进一步发展，主要是：正确认识和妥善处理中国特色社会主义伟大事业中一些重大关系，在以前强调"五个统筹"的基础上，新增加了统筹中央和地方关系以及统筹各种利益关系，目的在于充分调动各方面积极性。统筹国内国际两个大局，树立世界眼光，加强战略思维，善于从国际形势发展变化中把握发展机遇、应对风险挑战，营造良好国际环境。确立辩证思维，既要总揽全局、统筹规划，又要抓住牵动全局的主要工作、事关群众利益的突出问题，着力推进，重点突破。

2. 检察工作科学发展。从宏观层面，就是将检察工作放到整个经济社会的大系统中来定位和考察检察工作的发展，从这个意义上讲，检察工作科学发展就是指检察机关要为经济社会的发展提供高质量、高效能的司法保障。具体包括：充分发挥职能作用，着力保障经济平稳较快发展；坚持执法为民，着力改善民生；依法打击犯罪，化解矛盾，为科学发展创造和谐稳定的社会环境；强化对诉讼活动的监督，为科学发展营建公平正义的法治环境。从微观层面，就是把检察工作本身作为一个系统来衡量，要努力实现自身的全面、协调、可持续发展。具体而言，要深化检察改革，完善检察工作科学发展的体制机制，改革与完善检察机关组织体系和检察干部管理制度，健全检察工作考核评价体系等；抓好基层基础工作，打牢检察工作科学发展的根基，包括全面规划基层检察院建设，解决基层院检察官断档和检察人才短缺问题，加强基层院经费保障和基础设施建设，落实从优待检措施等；强化检察队伍的素质建设，为检察工作科学发展提供组织保障，包括开展大规模教育培训，加强检察专业人才培养与使用，加强检察职业道德建设，推动检察文化繁荣发展；强化对自侦案件的监督制约，推进执法规范化建设，健全接受内外部监督制约的制度体系，完善检察机关职务犯罪案件侦查逮捕程序等。

（四）中国特色社会主义理论的最新发展成果

党的十八大以来，党中央以中国梦凝聚力量，以抓改革激发活力，以改作风振奋人心，取得了新成果，形成了新风气，开创了新局面。提出全党要坚定中国特色社会主义的道路自信、理论自信和制度自信，阐明了中国特色社会主义是由道路、理论体系和制度三位一体构成，强调了经济建设、政治建设、文化建设、社会建设和生态文明建设五位一体的总体布局，明确了建设中国特色社会主义必须牢牢把握"八个必须坚持"的基本要求，即必须坚持人民主体地位、必须坚持解放和发展生产力、必须坚持推进改革开放、必须坚持维护社会公平正义、必须坚持走共同富裕道路、必须坚持促进社会和谐、必须坚持和平发展、必须坚持党的领导。作出了全面深化改革的决定,提出使市场在资源配置中起决定作用和更好发挥政府作用、公有制经济和非公有制经济都是社会主义市场经济的重要组成部分、积极发展混合所有制经济、推进协商民主广泛多层制度化发展、推进司法管理体制、反腐败领导体制和工作机制改革等一系列新论断新举措。

在中国迈向现代化新的历史征途上,习近平总书记提出了实现中华民族伟大复兴的中国梦。习近平总书记在2012年11月29日参观《复兴之路》展览,以及在十二届全国人大一次会议闭幕式上,在同全国劳模代表、各界优秀青年代表座谈,在出访等许多重大场合,对中国梦进行了深刻系统阐述。中国梦是中国共产党执政理念的重大创新,是对中国共产党政治文化内涵的提升,是中国人民和中华民族的政治认知、政治信念、政治感情和价值观认同的扩展与升华。中国梦是历史性、现实性、时代性、继承性与创新性的统一,是国家梦、民族梦、人民梦的统一,是中国道路、中国精神、中国力量的统一,是中国国情、世界潮流、时代精神的统一。

1. 中国梦的本质。国家富强、民族振兴和人民幸福是中国梦的本质。"家是最小国,国是千万家。"中国梦是国家的梦、民族的梦,是每一个中国人的梦。中国梦的最大特点就是,把国家、民族和个人作为一个命运共同体紧密联系起来,国家好,民族好,每个人才会好。实现中国梦,意味着中国的经济实力和综合国力、国际地位和影响力的大大提升,意味着中华民族的伟大复兴,意味着人民过上富裕安康的生活。[①]

2. 中国梦的实现条件和路径。实现中国梦,必须走中国道路,必须弘扬中国精神,必须凝聚中国力量。中国道路是实现中国梦的现实路径。中国道路就是中国特色社会主义道路,是一条自主发展道路、和平发展道路、和谐发展道路,具有深厚的历史渊源和广泛的现实基础。历史和实践充分证明,封闭僵化的老路、改旗易帜的邪路都走不通,都是死路绝路。中国精神是实现中国梦的精神支撑。中国精神,就是以爱国主义为核心的民族精神,以改革创新为核心的时代精神。人总是需要一点精神的,一个国家和民族更是这样。没有精神的有力支撑,就没有全民族精神力量的充分发挥,一个国家一个民族就不可能屹立于世界民族之林。物质贫乏不是社会主义,精神空虚也不是社会主义。实现中国梦,要求我们不仅要在物质上强大起来,也要在精神上强大起来。中国力量是实现中国梦的动力源泉。团结是力量之源。伟大梦想,需要凝聚伟大力

[①] 中共中央宣传部:《习近平总书记系列重要讲话读本》,学习出版社、人民出版社2014年版,第26页。

量来实现，这个力量就是 13 亿中国各族人民大团结的力量。实现中华民族伟大复兴这个梦想，凝聚了几代中国人的夙愿，体现了中华民族和中国人民的整体利益，是包括港澳台同胞和海外侨胞在内的全体中华儿女的共同期盼。全体中华儿女以共同理想凝聚共同力量，以共同奋斗追求共同目标，共同享有人生出彩的机会，共同享有梦想成真的机会，共同享有同祖国和时代一起成长与进步的机会。在实现中国梦的征程中，我们需要最大限度凝聚共识，团结一切可以团结的力量，冲破思想观念障碍，汇聚每个人的梦想成就伟大的中国梦，形成推动社会发展进步的强大正能量。实干才能梦想成真，实现中国梦，需要每一个人付出艰巨努力，用实干托起中国梦。

3. 中国梦的普世价值。中国梦不是"重返昔日辉煌"，不是"恢复中国历史上那种帝国秩序"和"昔日的帝国地位"。中国梦也不是"强权梦"、"扩张梦"、"霸权梦"。中国梦是和平、发展、合作、共赢的梦。中国梦是中国的，但离不开世界，是与世界各国人民的美好梦想相连相通的梦，与世界同进步。中国梦倡导人类命运共同体意识，主张增进人类共同利益；努力追求并维护自身的重要战略机遇期，同时又把中国的机遇转化为世界机遇；坚持通过争取和平国际环境发展自己，又以自身发展维护和促进世界和平，扩大同各方利益汇合点，推动建设持久和平、共同繁荣的和谐世界。中国梦打破了历史上"国强争霸"、"国强必霸"、"国强对抗"的历史定律，开辟了和平发展道路；打破了传统社会主义固守"两个平行市场"的藩篱，开创了当代社会主义共赢发展的新境界；打破了"零和博弈"的敌友关系，开辟了不同社会制度国家间和平共处的全新境界。中国梦是对国际关系史的重大创新，丰富了人类普世理念。

三、中国特色社会主义理论与检察官思想政治修养

只有中国特色社会主义道路才能发展中国、富裕人民，才是实现中国梦的现实路径。广大检察官要不断增强中国特色社会主义的道路自信、理论自信和制度自信，坚定不移沿着正确的中国道路奋勇前进。

（一）群众路线是党的生命线和根本工作路线

围绕保持党的先进性和纯洁性，在全党深入开展以"为民务实清廉"为主要内容的党的群众路线教育实践活动，是党的十八大作出的一项重大部署。执政党的党风关系党的形象，关系人心向背，关系党和国家生死存亡；加强和改进党的作风建设，核心问题是保持党同人民群众的血肉联系；马克思主义执政党的最大危险就是脱离群众。随着改革不断深入和对外开放不断扩大，党面临前所未有的各种风险和挑战，精神懈怠危险、能力不足危险、脱离群众危

险、消极腐败危险更加尖锐地摆在全党面前，党内脱离群众的现象大量存在，一些问题还相当严重，集中表现在形式主义、官僚主义、享乐主义和奢靡之风这"四风"上。工作作风上的问题绝对不是小事，如果不坚决纠正不良风气，任其发展下去，就会像一座无形的墙把我们党和人民群众隔开，我们党就会失去根基、失去血脉、失去力量。①开展实践教育活动，针对作风之弊、行为之垢进行大排查、大检修、大扫除，对于使全党牢记并恪守全心全意为人民服务的根本宗旨，巩固党的执政基础和执政地位，增强党的战斗力凝聚力，实现党的十八大确定的奋斗目标和中国梦，具有重大而深远的意义。

活动的目标任务是集中解决形式主义、官僚主义、享乐主义和奢靡之风这"四风"问题。在形式主义方面，主要是知行不一、不求实效，文山会海、花拳绣腿，贪图虚名、弄虚作假。在官僚主义方面，主要是脱离实际、脱离群众，高高在上、漠视现实，唯我独尊、自我膨胀。在享乐主义方面，主要是精神懈怠、不思进取，追名逐利、贪图享受，讲究排场、玩风盛行。在奢靡之风方面，主要是铺张浪费、挥霍无度，大兴土木、节庆泛滥，生活奢华、骄奢淫逸，甚至以权谋私、腐化堕落。这些是当前群众深恶痛绝、反映最强烈的问题，也是损害党群干群关系的重要根源。

针对形式主义，着重教育引导党员、干部改进学风文风会风，改进工作作风，在大是大非面前敢于担当、敢于坚持原则，真正把心思用在干事业上，把功夫下到察实情、出实招、办实事、求实效上。针对官僚主义，着重教育引导党员、干部深入实际、深入基层、深入群众，坚持民主集中制，虚心向群众学习，真心对群众负责，热心为群众服务，诚心接受群众监督，坚决整治消极应付、推诿扯皮、侵害群众利益的问题。针对享乐主义，着重教育引导党员、干部牢记"两个务必"，克己奉公，勤政廉政，保持昂扬向上、奋发有为的精神状态。针对奢靡之风，着重教育引导党员、干部坚守节约光荣、浪费可耻的思想观念，做到艰苦朴素、精打细算、勤俭办一切事情。

活动的总要求是"照镜子、正衣冠、洗洗澡、治治病"。照镜子，是以党章为镜，对照党的纪律、群众期盼、先进典型，对照改进作风要求，敢照镜子、勤照镜子，在宗旨意识、工作作风、廉洁自律上找出差距、修身正己。正衣冠，是在照镜子的基础上，"吾日三省吾身"，端正行为，自觉把党性修养正一正、把党员义务理一理、把党纪国法紧一紧，保持良好形象。洗洗澡，是

---

① 《习近平总书记在第十八届中央纪律检查委员会第二次全体会议上的讲话》，载中央党的群众路线教育实践活动领导小组办公室编：《党的群众路线教育实践活动学习文件选编》，党建读物出版社2013年版，第75页。

打点肥皂，用丝瓜瓤搓一搓，清洗思想和行为上的灰尘，做到干干净净做事、清清白白做人。治治病，是区别情况、对症下药，对作风方面存在问题的党员、干部进行教育提醒，对问题严重的进行查处，该吃中药的吃中药，该吃西药的吃西药，或者中西医结合，该动手术的动手术，切实体现从严治党的要求。

保持党同人民群众的血肉联系是一个永恒课题，作风问题具有反复性和顽固性，不可能一蹴而就、毕其功于一役，更不能一阵风，刮一下就停，必须经常抓、长期抓。既要立足当前，切实解决群众反映强烈的突出问题，又要着眼长远，建立健全为民务实清廉的长效机制。

（二）加强干部队伍思想政治素养，是检察官正确履职的重要保障和检察事业发展的基础

随着国际化、市场化、信息化的深入发展，我国经济体制深刻变革、社会结构深刻变动、利益格局深刻调整、思想观念深刻变化，既给我国的经济、政治、社会以及思想文化等领域带来了生机与活力，也带来许多问题和挑战，产生巨大冲击。检察队伍思想政治工作，作为思想政治工作领域的一个有机组成部分，同样也面临着新情况、新问题，面临着严峻的挑战。

干部队伍的思想政治素养关系到党的生命、民族的复兴。具体到检察系统而言，可以说，检察官思想政治素养，是检察机关正确履行法律监督职能的重要保障和检察事业发展的基础。思想政治工作是党的优良传统和政治优势，也是检察机关全面履行法律监督职能的重要保障，更是新形势下检察队伍保持旺盛活力的生命线。如何使检察工作紧跟新形势，理清新思路，实施新举措，拓展新业绩，关键是建立一支政治方向明确、政治立场坚定、政治纪律严明、业务工作过硬的高素质检察队伍，而这一切都依赖于强有力的思想政治工作来保证。加强思想政治建设是检察系统防腐拒变的迫切要求，是检察官严格公正文明执法的迫切要求，是国家法制建设、政治文明建设的迫切要求。

检察官思想政治修养的内涵丰富、意蕴深厚，既包含中央普遍性的要求，又有检察系统和检察职业的特色，还关乎检察官自身的成长发展，是一个有机的统一整体。这个体系既要注重经典马克思主义、中国特色社会主义理论、党和国家的理论方针政策的教育，坚定检察官的政治立场和理想信念；又要注重检察系统特色思想政治教育，即关注检察官职业道德，建构共同的行为准则，提升检察官的职业良知和行为操守；也要关注人性的需要、人格的完备和人的发展，关注家庭伦理，健全检察官的人格修养和精神世界，做到工作生活的统一与完整。

(三) 做学习实践中国特色社会主义理论体系的表率

中国特色社会主义是党在新时期的理论主题和实践主题。用中国特色社会主义理论体系武装全党是十七大、十八大作出的重大战略部署。广大检察官尤其是预备检察官要原原本本、老老实实学习中国特色社会主义理论体系，结合工作实际运用这一理论体系，做到真学、真懂、真信、真用，不断提高理论素质、党性修养、实践能力，更好地为坚持和发展中国特色社会主义服务。

1. 坚定理想信念，解决好世界观、人生观、价值观这个"总开关"。理想指引方向，信念决定意志。有什么样的理想，就有什么样的高度，就会有什么样的视野，就会有什么样的胸怀。把理想信念建立在对科学理论的理性认同上，建立在对历史规律的正确认识上，建立在对党情国情民情的基本把握上，不断增强对中国特色社会主义的政治认同、理论认同、感情认同，博学、审问、慎思、明辨、笃行。加强党性修养，严明党的政治纪律和组织纪律，做到在思想上政治上行动上同党中央保持高度一致。

2. 始终站在人民大众的立场，把服务群众、造福百姓作为最大责任。牢固树立、始终坚持以人民群众为本的理念，始终把人民放在心中最高位置，坚持人民主体地位，与人民群众同呼吸、共命运、心连心；始终以最广大人民利益为念，坚持执法为民，把人民群众的关注点作为检察工作的着力点，真正从人民群众的新要求新期待出发加强和改进检察工作，更好地维护人民群众合法权益；始终坚持人民是检察工作全部价值的最高裁决者，把人民满意作为检验检察工作成效的根本标准；始终把群众观点、群众路线贯穿于全部检察工作中，坚持贴近群众、联系群众、服务群众，注重发挥群众的参与、监督作用，推动人民检察事业向前发展。

3. 坚持和掌握唯物辩证、实事求是、群众路线的思想方法和工作方法，提高工作能力和水平。坚持唯物辩证的思维方式，非常裨益于工作。要学会辩证地分析和比较从局部到全局、从眼前到长远的发展形势，学会辩证地吸取古今中外的发展经验和教训，把本部门本单位的工作放到局部与全局、国内与国外、历史与现实的大形势、大趋势下去考虑，去研究，去作出谋断和决策。

实事求是是摆脱不合时宜的观念、习惯和体制束缚的必然要求。真正做到实事求是，就要注重和坚持调查研究。调查研究是初级检察官必备的一门基本功夫。随着信息技术的便利化和普及，现在获取信息的渠道越来越多，预备检察官要掌握用新媒体新渠道获取所需信息的本事，但是"百闻不如一见"，无论技术多么便利，都不能替代实地调查研究。坚持实事求是，还要敢于讲真话、讲实话、讲心里话，不唯上、不唯书、只唯实。

一切为了群众、一切依靠群众,从群众中来、到群众中去的群众路线,是我们党始终坚持的根本工作路线和根本工作方法。与群众打交道,是一门大学问。现在有的同志做群众工作的方法和本领比较欠缺,甚至不会说话,与新社会群体说话,说不上去;与困难群众说话,说不下去;与青年学生说话,说不进去;与老同志说话,给顶了回去。毛泽东同志曾经说过:"拜人民为师,这就灵了。"预备检察官要从思想上和感情上真正把人民群众当先生、当主人,放下架子,扑下身子,深入实际、深入基层,从群众中寻找解决问题的办法,努力掌握为人民服务的科学方法,提高为人民服务的实际本领。

专题二　社会主义法治理念与法治思维

一、社会主义法治理念

(一) 社会主义法治理念的基本认知

理念是一种理性化的思想、观念、理想，是上升为内心信念追求的一种理想化的境界或状态，也可简言之，理念是一种高度浓缩化、概念化的知识。

法治理念是一种深层次的对法治含义和法治原则的意识和观念，是对法治理论和法治实践整体性、系统性、创造性把握的一种理性形式，是对法治的理想追求。

法治理念的核心是法治原则和法治精神。法治理念不同于一般意义上的法律意识，是更为理性化、系统化、明确化的较高层次的法律意识，既包括一定的信仰，是应然的模式，也包括通过实践的概括总结加以提炼的较系统的对法的看法。

认知社会主义法治理念应主要把握三个方面：

1. 社会主义法治理念是建立在马克思主义理论基础之上的，反映、指导中国特色社会主义法治实践的现代法治理念。社会主义法治理念既是一种现代的法治理念，反映了现代法治文明的一般要求，又不同于一般意义上的现代法治理念，它具有鲜明的中国特色。中国社会主义法治建设是一项伟大的创举。以毛泽东为代表的我国第一代领导人在新民主主义革命和社会主义建设中，进行了大量的探索和实践，从正反两方面为我们积累了法治建设的宝贵经验。十一届三中全会以后，邓小平同志提出了一系列关于社会主义法治建设的重要思想。以江泽民同志为核心的党的第三代中央领导集体继承和发展了邓小平同志的法治思想，提出了"依法治国，建设社会主义法治国家"的基本方略和奋斗目标，并将其确立为宪法的原则。以胡锦涛同志为总书记的中央领导集体正是在对毛泽东、邓小平、江泽民同志为代表的中国共产党人关于社会主义法治建设的思想和对法治追求的科学总结基础上，形成了社会主义法治理念的重要思想。社会主义法治理念是对马克思主义法律思想的深刻总结和极大发展，是对马克思主义法学理论的丰富与发展。

2. 社会主义法治理念是在中国化马克思主义指导下，以总结中国社会主义法治建设实践经验为主，合理借鉴中外法治文明优秀成果的基础上做出的重大理论创新。社会主义法治理念是从中国社会主义国体和政体出发,立足于社会主义市场经济和民主政治发展的时代要求,是我党在总结社会主义国家兴衰成败的实践经验,特别是我国社会主义民主建设、法制建设的经验,并在借鉴现代法治理论合理成分的基础上,以科学发展观和社会主义和谐社会思想为指导形成的,它系统地反映并符合中国国情和人类法治文明发展方向的核心观念、基本信念和价值取向、基本理念。社会主义法治理念是立足于当代中国法治建设的实际,对政法工作的经验和规律从理论与实践结合的基础上做出的全面、准确的科学概括。

3. 社会主义法治理念是中国特色社会主义理论体系的重要组成部分,是社会主义法治的精髓,是中国特色社会主义法治建设的指导思想,是指导法律活动的思想和理论先导,是统一执法、司法活动的旗帜。社会主义法治理念的提出标志着我们党对建设中国特色社会主义法治国家的规律、中国共产党执政规律有了更加深刻的认识和把握。社会主义法治理念为政法干警建设社会主义法治国家进一步指明了方向,提出了明确的要求。只有贯彻社会主义法治理念,才能把握和坚持建设社会主义法治国家的政治方向。

(二)社会主义法治理念的内涵

1. 社会主义法治理念教育活动

党的十六大以来,以胡锦涛同志为总书记的党中央在领导人民全面建设社会主义小康社会的伟大实践中,深刻分析了中国改革发展关键时期出现的新情况、新问题,提出并系统地阐述了科学发展观、构建和谐社会等一系列重大战略思想,有力地推动了新阶段马克思主义法学的理论创新,开辟了马克思主义法学中国化进程的新境界,是马克思主义中国化的又一重大理论创新成果。

2005年11月,为了从根本上解决政法机关权从何来、为谁掌权、为谁执法、如何执法等一系列重大问题,胡锦涛总书记作出"开展社会主义法治理念教育是加强政法队伍思想建设的一项重大举措"的重要批示。以胡锦涛总书记为代表的党中央在科学发展观、构建社会主义和谐社会的重大思想的基础上,提出了在全体政法干警中开展社会主义法治理念教育。2006年4月,中共中央和中央政法委统一部署开展社会主义法治理念教育。中央政法委要求并部署社会主义法治理念教育活动分为四个阶段:学习文件阶段,重点学习依法治国的重要文件;清理思想阶段,重点对照社会主义法治理念的基本内涵澄清错误看法,转变观念,统一思想;重点培训阶段,进行研讨和轮训;专项考试阶段,进行检查、督促。

实施依法治国的宪法原则和治国方略必须以正确的法治理念为先导,树立社会主义法治理念是对全体政法干警进一步学习、领会并践行社会主义法治原则提出的更高要求。开展社会主义法治理念教育,是贯彻社会主义法治原则的客观需要;是适应新时期政法工作新形势、新任务的客观需要;是政法工作落实科学发展观、服务构建和谐社会的客观需要。树立社会主义法治理念,对确保政法工作社会主义方向,建设高素质的政法队伍具有重要的现实意义。开展社会主义法治理念的教育就是要将社会主义的法治理念贯穿于立法、司法、执法、普法、法律监督、法律服务的各个环节,进而落实科学发展观,促进社会和谐和全社会的法治化进程。

2. 社会主义法治理念的基本内涵

社会主义法治理念是依法治国、执法为民、公平正义、服务大局、党的领导五个方面相互补充、相互支持、协调统一的整体。其中,依法治国是社会主义法治的核心内容;执法为民是社会主义法治的本质要求;公平正义是社会主义法治的基本价值追求;服务大局是社会主义法治的重要使命;党的领导是实现社会主义法治的根本保证。五个方面相互补充、相互支持、协调一致地体现了党的领导、人民当家作主和依法治国的有机统一。

社会主义法治理念全面地界定了在社会主义的现代法治实践应该坚持的基本方面,诠释了法治和人民、法治和正义、法治和社会以及法治和政党的关系。社会主义法治理念是法治和政治的有机统一,它强调了三个方面的基本元素:第一,党的领导;第二,人民当家作主;第三,依法治国。开展社会主义法治理念教育活动,就是要求政法干警牢固树立依法治国、执法为民、公平正义、服务大局、党的领导五个方面的基本执法理念。

(1)牢固树立依法治国的理念

1995年2月,以江泽民同志为核心的党中央提出了"依法治国,建设社会主义法制国家的治国方略",并将其写入《国民经济和社会发展"九五"计划和2010年远景目标纲要》。1997年9月,在党的十五大报告中,江泽民同志对民主法治建设作了更为系统的阐述,并用"法治国家"的概念替代"法制国家"。提出了"依法治国是党领导人民治理国家的基本方略"。1999年3月,第九届全国人大二次会议通过《中华人民共和国宪法修正案》,将第5条增加一款作为第一款,规定:"中华人民共和国实行依法治国,建设社会主义法治国家。"依法治国宪法原则的确立,标志着党的领导方式、执政方式和治国方略法治化的全面确立。

树立依法治国的理念需要准确把握以下三个基本方面:

一是法律面前人人平等。法律面前人人平等是宪法明确规定的社会主义法治的基本原则,也是我国人民当家作主的国家本质在宪法上的体现。其包括三方面含义:第一,公民的法律地位一律平等;第二,任何组织和个人都没有超越宪法和法律的特权；第三，任何组织和个人的违法行为都必须依法受到追究。在社会主义法治之下，绝不允许一部分人受到法律的约束而另一部分人成为"法外之民"的现象存在，认为法律只管民不管官，只管他人不管自己，将自己视作法律之外的"特殊公民"的封建特权思想观念，必须彻底摒弃。

二是树立和维护法律的权威。我国法律的权威是由社会主义法律的本质属性决定。首先，社会主义法律体现了全体人民的意志，是党的主张和人民意志的高度统一。其次，法律规范具有规范性、确定性、普遍性、国家强制性。

维护法律的权威必须做到：第一，要维护宪法权威。没有法律权威就没有秩序，没有秩序就没有社会的稳定。维护法律权威，必须确立宪法和法律是人们基本行为准则的观念，自觉把法律作为指导和规范自身社会活动的基本准则。第二，要维护社会主义法制的统一和尊严。坚决反对从本部门、本地区利益出发破坏国家法制统一的行为。对制定和实施一些违反国家法律规定和法治原则的"土政策"、"土办法"行为必须反对和制止。第三，要树立执法部门的公信力。法律的权威不仅在于立法中体现人民的意志，得到人民的拥护；更在于执法的公正严格，得到人民的信任。

三是严格依法办事。对于一切国家机关特别是专门履行执法、司法职责的政法机关来说，严格依法办事要求遵循以下方面：职权由法定、有权必有责、用权受监督、违法受追究。

（2）牢固树立执法为民的理念

执法为民是社会主义法治的本质要求。政法工作树立执法为民的理念是由我党的根本宗旨和我们国家政权的社会主义性质所决定的，就是要实现"一切为了人民，一切依靠人民，一切保护人民"的宗旨。执法为民是我党"立党为公、执政为民"执政理念对政法工作的必然要求。执法为民是"一切权力属于人民"的宪法原则在政法工作中的具体体现；是政法工作始终保持正确政治方向的思想保证。

坚持以人为本，是党的十六届三中全会提出的一项新要求，是科学发展观的核心，是全心全意为人民服务的党的根本宗旨的体现。坚持以人为本，就是要以广大的人民群众为本，一切为了人民群众，一切依靠人民群众。牢固树立执法为民的理念应坚持以下方面：

一是必须坚持一切为了人民。人民是国家的主人，政法机关的权力来自人民，必须运用人民赋予的权力为人民服务，绝不能用来谋取个人或小团体的私利，更不能只考虑自身工作的方便而漠视群众的便利和利益。

二是必须坚持一切依靠人民。坚持从群众中来，到群众中去。只有深深扎根于人民之中，同人民群众团结在一起，真正相信群众、依靠群众，才会有力量、有智慧，才能战胜困难、取得成功。政法工作只有得到人民群众的大力支持和积极参与，才能取得很好的成效。政法工作要坚持群众路线，要紧紧依靠基层组织和广大群众预防、化解社会矛盾。要充分依靠人民群众，自觉接受人民群众监督。要最大限度地增加执法透明度，保障当事人和人民群众的知情权、监督权。

三是必须坚持尊重和保障人权。执法为民是党和人民对政法工作的根本要求，是政法工作的基本出发点和归宿。广大政法干警要切实树立保障人权的意识，公正执法，及时高效处理有关案件和事件，要在执法工作环节中，保障通过制度设计赋予的当事人及其代理人充分的程序权利，切实维护广大人民群众的基本人权。

（3）牢固树立公平正义的理念

公平正义是社会主义法治的重要目标，是新时期广大人民群众的强烈愿望，实现公平正义是构建社会主义和谐社会的重要任务，也是政法机关的神圣职责。我们党历来高度重视社会的公平正义。

牢固树立公平正义的理念，必须准确把握公平正义的基本内涵：

一是要合法合理。社会主义法律是广大人民群众意志和利益的体现，与社会发展的要求具有一致性，社会主义法律所体现的公正是绝大多数人公认的公正，是真正体现社会进步的公正，社会主义法律确认公民在法律上真正平等的地位，确认在社会主义生产力发展水平条件下最公正的分配原则。因此，公平正义在社会主义阶段首先的要求就是"依法办事"。

基于各地情况千差万别，立法机关在制定法律时多只规定权力的上限和下限，法律赋予了执法者一定的自由裁量权，但自由裁量权的行使必须符合法律授权的目的，案件与处理结果轻重幅度必须相当，同样情形必须同样处理，否则就是滥用自由裁量权。

二是要平等对待。贯彻法治精神的平等原则至少应做到以下方面：第一，确保法律平等适用于所有人，不允许任何人有任何特权，触犯法律均同样受到法律的追究和制裁。第二，确保法律不会基于任何不合理的因素而对不同人作出不合理的对待，保障所有公民不因民族、种族、性别、职业、社会出身、宗教信仰、教育程度、财产状况、居住期限等差别在法律上受到歧视或偏见。不允许存在法外特权。这里的"平等"并不意味着相等和平均，而是法律规定的权利、义务的平等实现。

三是要及时高效。公平正义的传统含义并不包含效率，但随着公平正义理念的内涵不断丰富，追求正义所付出的"成本"对公平正义的影响愈发凸显。公正与效率都是法治社会所追求的重要价值，两者是相互依赖、相互制约的统一体。公正是评价法律效率的基本尺度，而效率是实现法律公正的重要条件，在执法中应努力实现公平与效率的最佳结合，不应将两者割裂、对立起来。

做到及时高效，避免执法拖延，要注意以下方面：第一，提高时间效率，减少工作拖延。政法部门的工作性质和工作程序性决定了其要求极强的时间性，如果对出现的事情不能及时处理，不仅会使受损害的秩序不能得到及时恢复，更会从根本上影响民众对法治和公平正义的信服。第二，在执法和司法中，节约执法成本，实行诉讼经济。以最低的成本投入、资源消耗取得最佳法律效果和社会效果，实现最大限度的社会公平正义。社会正义是无价的，然而实现正义的资源是有限的，以最低的司法资源消耗实现最大限度的社会正义是社会主义法治理念的一项基本要求。因此，政法机关应当合理配置社会资源，主要是物质资源、人力资源，提高资源的利用率，最大限度地降低法律工作成本，提高法律工作效率，实现公平正义。第三，提高制度的科学性，减少不合理制度的负面作用，寻求从制度、机制、长远方面提高效率的方法。合理的制度安排能够最大限度地提升效率。

四是要程序公正。正义应当实现，而且应当以人们看得见的方式实现，这是程序公正的重要价值所在。人们对公正的理解和对法律权威的感悟首先是从"能够看得见的"正当程序中开始的。程序公正这种"看得见的方式"使正义体系完全外化于程序本身。因此，公正既是程序设立时的基本要求，又是程序进展中所追求的目的。

程序公正应当以实体公正为目标，任何结果都要经过一定的过程得以实现，而程序的不同往往导致事件在发展的方向和性质上产生一定的差异。程序公正就是要求通过具体的法律程序运作基础正确认定事实，使处理结果符合实体法中正义的要求。要让裁判或决定的过程变为当事人感受民主、客观、公平的过程，以程序公正保障实体公正，增强对裁判或决定的认可度。首先，程序应当以实现实体公正为目标。其次，程序正义必须充分维护当事人的合法权益。最后，程序正义必须克服执法者的主观随意性。

（4）牢固树立服务大局的理念

服务大局不仅是社会主义法治的重要使命，也是政法工作的方向，更是衡量政法工作所追求的法律效果与社会效果统一的标准。

服务大局是政法机关的性质决定的。服务大局是社会主义法治的重要使命；服务大局是政法机关有效履行职责的必然要求——政法机关是党领导的人民民主专政的重要工具；服务大局是解决政法工作中现实问题的客观需要。

服务大局就是要保障社会主义经济、政治、文化与和谐社会建设。当前和今后一个时期，政法工作服务大局的目标任务，就是要紧紧围绕保障和促进中国特色社会主义事业,不断强化服务社会主义经济建设、政治建设、文化建设与和谐社会建设的措施,全面发挥维护国家安全、化解矛盾纠纷、打击预防犯罪、管理社会秩序、维护公平正义、服务改革发展的职能作用,为全面建设小康社会,建设富强民主文明的社会主义国家,创造和谐稳定的社会环境和高效公正的法治环境。

服务大局必须胸怀大局,立足本职,全面正确履行职责。政法干警树立服务大局的理念必须正确处理好四个关系:首先,服务大局与立足本职的关系;其次,服务大局与严格依法履行职责的关系;再次,全局利益与局部利益的关系;最后,法律效果与社会效果的关系,追求法律效果和社会效果的有机统一。①

(5)牢固树立党的领导的理念

首先,坚持党的领导是政法干警必须遵守的政治原则。坚持党的领导是我国宪法确定的一项基本原则,是社会主义法治的根本保证。坚持党对政法工作的领导是我国司法体制的政治优势和重要特征,我们的一切成就都是在党的领导下取得的,今后发展我们的事业也必须坚持党的领导。坚持党的领导是由中国共产党的先进性和党的执政地位决定的;坚持党的领导是我国宪法确定的一项基本原则;坚持党对政法工作的领导是政法机关的性质和任务决定的。

其次,党的领导和社会主义法治在根本上是一致的。坚持党的领导的理念,必须深刻认识党的领导和社会主义法治在根本上是一致的。一方面,党的领导是建设社会主义法治国家的根本保证,只有坚持党的领导才能不断推进和完善社会主义民主和法治;另一方面,依法治国是党领导人民治理国家的基本方略。党既领导人民制定宪法和法律,也领导人民实施宪法和法律。

在实际工作中,要自觉地把坚持党的领导,把贯彻落实党的路线方针政策和严格执法统一起来,把加强和改进党对政法工作的领导与保障司法机关依法独立行使职权统一起来。

党对政法工作的领导主要是政治领导、思想领导和组织领导,主要任务是领导和推动政法机关贯彻落实中央的大政方针;对政法工作作出全面部署,及时发现和解决政法工作中的突出问题;加强对维护国家安全和社会稳定工作的统筹协调;指导和推动政法机关依法打击犯罪,依法调节各种社会关系;强化对执法活动的监督;推进司法改革;加强政法队伍、政法领导班子建设,改善政法机关的执法环境和条件。党的领导要不断改进领导方式,支持政法机关独

---

① 参见中共中央政法委员会:《社会主义法治理念教育读本》,中国长安出版社2006年版,第89页。

立负责地开展工作，不插手、不干预司法机关的正常司法活动，不代替司法机关对案件定性处理，不指派政法机关处理法定职责以外的事务。

坚持党的领导要求政法干警必须坚持正确的政治立场。政法干警应切实增强党的观念；始终坚持马克思主义在政法工作中的指导地位；坚持贯彻执行党的路线方针政策和重大决策部署；充分发挥党组织和共产党员的作用。

（三）社会主义法治理念的特征

社会主义法治理念具有以下主要特征：

1. 社会主义法治理念具有人民性。无论是从依法治国的主体，还是执法为民的要求，都体现了人民性。人民性从根本上来说，来源于马克思主义的根本理论——马克思主义关于"人民群众是推动历史进步的决定力量"，实际上，我们一直以来将"相信人民、依靠人民、为了人民"作为我们工作的根本指导思想，作为我们工作的出发点。

在社会主义国家，人民当家作主是我国的国体所决定的。人民性的思想来源于人民主权的根本要求。也就是说执法为民强调的是要体现人民主权的思想在社会主义法律意识形态中的集中体现。而强调人民性则要求在政法工作中必须牢固树立人民群众主体地位的意识，克服"法律的工具主义"、"以法治民"的思想。

2. 社会主义法治理念突出强调了政治性。社会主义法治建设是在党的领导下进行的，各项法律制度都体现了党的主张和国家的意志。社会主义法治理念反映了党的领导、人民当家作主、依法治国的有机统一。强调政治性，就是针对现实中存在的一些错误观念，即政法、司法工作是非党化的、非政治化的、政治中立等错误思想。树立社会主义法治理念必须警惕和自觉抵制司法工作中的这些错误思想。

3. 社会主义法治理念具有突出的法律性。社会主义法治理念以法律现象为意识客体，归根结底是关于法律现象的思想、观念、知识和心理，具有深刻的法律科学性、专业性。因此，要把社会主义法治理念与政治意识、道德观念区别开来，又要将其与政治思想教育、职业道德教育紧密结合、相互促进。毋庸置疑，法律工作具有法律的专业性，应用职业的眼光、职业的思维去对待。从强调法律性本身来说，就是要将其和一般的政治意识、道德观点区别开来，以此杜绝、克服实践中存在的法律虚无主义和权大于法、以情代法等错误认识和做法。

4. 社会主义法治理念具有鲜明的先进性。马克思主义的法律观具有马克思主义与时俱进的理论品质。社会主义法治理念是与中国实践紧密结合的。在我国现阶段的发展过程中，它是一种先进的理念，能够很好地体现马克思主义的新发展。社会主义法治理念既坚定不移地坚持马克思主义的世界观和方法论，又随着中国特色社会主义法治建设实践的深入，不断融入鲜明的时代精神和鲜活的发展要求。它始终体现时代性，把握规律性，富于创造性。社会主义法治理念是中国特色的社会主义法治理念，是与中国特色社会主义紧密联系的。植根于我国的国情和经验，立足于探索具有中国特色的建设模式和途径，着力于解决中国的法治实践问题。因此，具有突出的时代性、规律性和创造性。

二、法治思维

（一）法治思维提出的理论与实践价值

十八大报告明确提出了全面推进依法治国的目标和基本要求，提出领导干部运用"法治思维"的能力，并针对性地运用于"深化改革、推动发展、化解矛盾、维护稳定"四个基本方面。法治思维的提出，既是对全体党员干部领导能力的一项新要求，也将对党执政方式，国家机关、社会团体及公民的行为方式、生活方式产生深远的影响。

1. 运用法治思维，对贯彻法治原则，推进法治国家建设具有重要的意义

十八大报告对领导干部法治思维能力的提出，是在对我国法治建设总结和发展基础上的重大创新。十五大报告在首次提出依法治国原则的基础上，提出要着重提高领导干部的"法制观念"。十六大报告中强调要增强公职人员的"法制观念"。十七大报告提出深入开展法制宣传教育，"弘扬法治精神"，形成自觉学法守法用法的"社会氛围"。十八大报告中提出了领导干部运用"法治思维"的能力，并针对性地运用于"深化改革、推动发展、化解矛盾、维护稳定"四个基本方面。十八届三中全会又提出建设法治中国的奋斗目标，进一步明确了法治建设整体推进、共同发展的努力方向。

从法制到法治、从观念到思维，对于行政机关及公职人员的执法活动具有重大影响。首先，就法制与法治而言，法制强调的是法律和制度，是包括立法、执法、司法、守法和对法律实施的监督等各个环节的一个系统。而法治强调的是依法治理，是与人治相对立的一种治国原则。在法治国家，人民是权力的主体，人民以法来治理国家，其关注的焦点是"有效地制约和合理地运用公共权力"。其次，从"法制观念"到"法治思维"，体现了由"观念"到"思维"的深化，是对素质和工作能力提升的创新。观念包括理念、思想、理论、价值观念等，法制观念体现了人们对法律及法律制度的认识和反映。思维则是主体对信息进行的能动操作，作为高级的心理活动形式，思维是人脑对信息的处理（包括分析、抽象、综合、概括、对比）系统的和具体的过程。人

们通过思维，形成观念，获得知识，养成精神，最终体现为行动方式。法治思维是运用法治原则进行分析、综合、概括和处理问题的模式。概括而言，法治思维就是以法治作为判断是非和处理事务标准的思维。从观念到思维的过程是感性认识到理性认识的升华，对公职人员的素质和工作能力提升赋予了更具时代性的更高的要求。

2. 运用法治思维，对改进党的执政方式，实现依法执政具有重要的意义

实施依法治国基本方略，关键在于党必须依法执政。执政安全是所有执政党面临的一大考验。执政安全同样是中国共产党要面临的考验。当前我国正处于改革开放的关键阶段，经济、政治、社会体制正处于深刻变革之中，在面临着重要发展战略机遇期的同时，社会矛盾尖锐，维护社会稳定的任务艰巨。

党的十六届四中全会通过的中共中央《关于加强党的执政能力建设的决定》，明确提出了党要在驾驭社会主义市场经济、发展社会主义民主政治、建设社会主义先进文化、构建社会主义和谐社会、应对国际局势和处理国际事务五个方面加强能力建设。树立法治思维是对共产党领导方式、执政方式的深刻变革的推进，恪守法治思维要求共产党在由革命党到执政党转变的基础上，进一步改进执政方式。

树立法治思维对提高党的执政能力建设具有重要的意义。2013年11月，中央首次出台了《中央党内法规制定工作五年规划纲要（2013—2017年）》。这是党历史上第一次编制党内法规制定工作五年规划，其不仅对今后五年中央党内法规制定工作进行了统筹安排，也是加强党的制度建设的一项重要战略工程，为管党治党、执政治国提供了重要制度保障。加快推进党内法规制度体系建设，把党执政治国和自身建设的制度基础夯实，是我党运用法治思维，贯彻法治原则的体现。其根本目标在于，在对现有党内法规进行全面清理的基础上，抓紧制定和修订一批重要党内法规，力争经过5年努力，形成涵盖党的思想建设、党的组织建设、党的作风建设、党的反腐倡廉建设、党的民主集中制建设等方面的党内法规，适应管党治党需要的党内法规制度体系框架，使党内生活更加规范化、程序化，使党内民主制度体系更加完善，使权力运行受到更加有效的制约和监督，使党执政的制度基础更加巩固。

3. 运用法治思维，对推进依法行政，建立法治政府具有重要意义

依法治国作为一种治国方略，其目标是建设法治国家。法治国家的建设是以法治原则的确立与践行为前提的。对于中国社会而言，树立法治思维就是要从根本上改变几千年人治思想和专制习性。建设法治中国，要求运用法治思维，不断提高执政能力建设。体现在政府工作中，就是要严格依法行政。依法行政是党的执政方式的重要创新，是政府正确行使行政权力的基本准则，是民

主政治的重要组成部分,也是构建和谐社会的重要法治基础。

运用法治思维,依法行政就是将法治原则和精神作为构建政府权力配置和运行的基本准则,其目标就是建设法治政府。法治政府,实质上就是运用法治思维、依据法治原则运作的政府,政府的运行和政府的行为都要受到法律的规范和制约。法治政府要求各级行政机关按照依法行政的要求,在行政理念、行政规范、行政决策、行政执法等各个环节贯彻法治的原则。以法治思维为视角,构建"守法政府"、"责任政府",做到权力法定、有权必有责、用权受监督、违法受追究、侵权须赔偿,建立权责一致的政府。

政府工作涉及国家事务、经济和文化事业、社会事业的诸多方面,政府公职人员依法行政的能力和水平的高低,在某种程度上决定了推进依法行政、建设法治政府的进程。一定程度上,法治思维决定并制约着依法行政能力的发挥。当前,我国已进入经济、社会全面快速发展时期,经济实力和综合国力不断增强,全社会民主法治观念日益提高,维护社会和谐稳定、保障社会公平正义的任务日趋重要的同时,在执法环节暴露出的问题也愈加突出,暴力执法、选择性执法、侵犯人权等现象时有发生。应对新情况、新问题,只有运用法治思维来研究问题、分析问题、解决问题,才能够准确把握和运用法律、法规和政策,按照法定的权限和程序履行职责,才能有效地化解社会矛盾和冲突,维护社会稳定,从而推进法治中国建设。

4. 运用法治思维,对培植法治信仰、树立法治权威具有重要意义

改革开放后,我国走上法治道路,依法治国、法治原则、法治理念等标志我们党对中国特色社会主义法治国家的规律以及党的执政规律有了更加深刻的认识和把握,为建设社会主义法治国家明确了方向。当前,我国正处于改革开放的深水期、社会转型的关键期,各种利益冲突频繁、社会矛盾凸显。人民群众在物质生活条件不断得到改善的同时,民主法治意识、政治参与意识、权利义务意识普遍增强,对于社会公平正义的追求愈加强烈,对于更加发挥法治在国家治理和社会管理中的作用尤为期待。与此同时,随着国家法治建设的深入,法律条文日趋完善。然而,在立法、执法、司法、守法中还存在许多深层次的问题,法律悬空、制度空转现象依然存在。进入21世纪以来,我国群体事件呈现出新的特点,部分领导干部运用法治处理问题的能力不强,从而导致处理失当、激化矛盾甚至演化成大规模的群体性事件。存在上述问题的深层次原因,在于对法治的信仰没有在社会中真正树立。

法治信仰,不单单是信仰法律本身,更是包含着践行蕴含在法律中的正义、公平、平等等价值理念和元素。对于一般公民而言,法治的权威基于人民内心的拥护。只有努力把法治精神、法治信念深植于人们的头脑,才能形成行

事依法、遇事找法、解决问题用法、化解矛盾靠法的习惯。同时，法治信仰也是以法治思维和法治方式为基础的，只有对法治心存敬畏和信仰，才能形成法治思维，才能自觉主动地运用法治方式。运用法治思维和法治方式调节社会利益关系，是公平正义的根本保障，是构建和谐社会的重要基础。只有依靠法治思维，通过法治方式进行整体、全面、合理的制度安排，从制度上理顺各种利益关系，平衡各种利益诉求，才能从源头上预防与减少社会矛盾和纠纷。

(二) 法治思维的内涵

法治思维包含丰富的内涵，即民主原则的基础、规制公共权力的核心、尊重和保障人权的目的以及依法办事的规则。具体而言，主要包含五个方面，即法律至上思维、合法性思维、权利义务思维、公平正义思维、责任后果思维。

1. 法律至上思维。法律至上是指宪法和法律至高无上。在社会规范体系中，法律高于其他社会规范；在社会关系中，法律是平衡器，无论国家机关、企事业单位，还是社团组织和公民个人在进行决策、解决问题时，都要遵从法律、依靠法律。任何人不得凌驾于法律之上，法律面前一律平等，任何人违反法律，都要受到法律制裁。尤其是领导干部，更要形成严格、规范的依法行使权力的思想观念和行为模式，必须有依法接受制约和监督的思维方式。

2. 合法性思维。合法性思维，既是规则思维，也是制度思维。具体而言，领导干部在行使公权力时，首先，要解决权力的合法性，任何职权都必须基于法律的授予才能存在；其次，任何权力必须在法律的范围内行使，不得与法律相抵触；再次，公权部门在进行决策，或者执行，以及解决社会矛盾、纠纷，推动发展、深化改革时，都应不断审视其行为是否符合法律的规定和要求，实现行为的目的、内容、权限、程序及手段的合法性。

3. 权利义务思维。法律是以权利义务为内容的，法律关系即是权利义务关系。法治思维以权利与义务思维为主要内容。各级领导干部的决策与职权的行使主要是针对公民、法人、其他组织的，公民、法人、其他组织在法律上同样是权利义务主体，不是可侵犯的客体。对其权利的尊重、维护和保护，是法治思维的重要表现。同时，领导干部行使的权力，既是权利也是义务，这就要求各级领导干部积极、正确地履行职责义务，不失职、不缺位、不越位。

4. 公平正义思维。法治包含着公平正义的精神和原则，法治思维要反映公平正义的内在要求。公平正义既是一种理性原则和道义要求，更是一种现实的社会关系。社会主义和谐社会是以"权利公平、机会公平、规则公平、分配公平"为主要内容的公平保障体系。首先，公平正义思维要求对所有社会成员"不偏袒"，使其在平等的起点上融入社会。其次，要保障为每一个社会成员提供的生存、发展、享受机会都始终均等。在权利公平的基础上，机会公平是实现社会公平的首要前提。对于心理、身体和能力方面有缺陷或相对较弱的人,社会应优先提供给他们发展的机会。再次,规则公平要求社会政策、制度、机制、运行等方面因素所构成的社会规则的合理性,合理的规则是公平的基础。最后,分配公平是社会公平和正义的理想目标,是整个社会公平的根本内涵、实质所在和最高层次,也是社会和谐的基本要求。

社会主义和谐社会应当是公平正义的社会。在和谐社会中,社会各方面的利益关系得到妥善协调,人民内部矛盾和其他社会矛盾得到正确处理,人民群众的积极性、主动性、创造性得到充分发挥,全体人民能够平等友爱、融洽相处,所有这些都是公平正义得到实现的标志。与此同时,公平正义又是社会和谐的重要基础和保障。只有致力于实现和维护社会公平正义,社会主义和谐社会才会获得坚实的基础,才能实现长久的、稳定的和谐。

5. 责任后果思维。法律作为行为规则,必然包含法律后果和法律责任。法治是行为之治,也是后果之治。法治思维不仅是行为规则思维,也是判断思维和行为思维,更是责任后果思维。行为有后果,行为者必然要对其行为后果承担相应的责任。对领导干部而言,必须对其权力行使和履职行为承担相应的责任后果,违法的行为应及时纠正,造成损害后果的要依法予以赔偿,违法犯罪的要予以惩处,真正做到有权必有责、用权受监督、侵权须赔偿、违法受追究。

三、检察官践行社会主义法治理念,恪守法治思维的要求

社会主义法治理念深刻地回答了在社会主义中国要建设什么样的法治国家,回答了作为中国特色社会主义建设者、捍卫者的检察官,在执法活动中应坚守的基本原则、应树立的执法理念、应实现的价值追求。践行社会主义法治理念,对检察人员进一步统一执法思想、端正执法观念、规范执法行为、实现执法公正,具有重要的理论与实践价值。

恪守法治思维,全面推进依法治国,不仅是对领导干部领导能力的一项新要求,更是对全体检察人员在新的历史时期全面提升职业素质和能力的新的更高的要求。法治思维是符合推进法治国家进程实践的主导性思维规则和思维方式,是蕴含了社会主义法治理念丰富内涵的思维方式。基于检察官在法治国家中角色与检察官特殊的职责,决定了检察官要践行社会主义法治理念,恪守法治思维。恪守法治思维是检察官捍卫法治,坚守履行法律监督职责的职业底线。

检察官践行社会主义法治理念,恪守法治思维应做到以下方面:

（一）以人为本，坚持权利保护

以人为本，关注人的生存，尊重人的价值，保障人权是法治社会文明的重要表现。修改后的刑事诉讼法将尊重和保障人权写入总则，并在证据制度、强制措施、辩护制度、侦查措施、审判程序、执行规定、特别程序等诉讼制度及程序规则的修改中全面体现了尊重和保障人权。

坚持以人为本，要求检察人员应严格按照法律规定办案，把人权保障贯穿于执法办案始终，尊重犯罪嫌疑人、被告人的人格尊严，充分保障当事人的知情权、辩护权、申诉权等诉讼权利。

坚持以人为本，要求检察人员要依法履行法律监督职责，及时纠正其他司法机关在诉讼活动中侵犯人权的行为，加强对当事人特别是犯罪嫌疑人、被告人合法权益的保护。

坚持以人为本，要求检察人员在执法中坚持谦抑原则，在行使检察权时保持足够的谨慎和自制，在不减损法律所追求的目的的前提下，选择最适宜的执法方式和执法方法，严禁滥用强制措施、严禁违规扣押冻结处理涉案款物、严禁随意侵犯当事人人身和财产权利等违法违规行为。

坚持以人为本，要求检察人员在工作中牢固树立群众观念，切实关心群众的切身利益。习近平总书记要求要树立以人民群众为中心的工作导向，要坚持联系群众、贴近群众、依靠群众、服务群众。要把"枫桥经验"坚持好、发展好，善于运用法治思维和法治方式，解决涉及群众切身利益的矛盾和问题。要创新工作方法，把群众路线和法治思维结合起来，紧紧依靠基层组织和广大群众预防、化解社会矛盾。要充分依靠人民群众，自觉接受人民群众监督。

（二）坚持职权法定，依法行使检察权

对于检察人员而言，坚持职权法定就是要严格依法行使检察权。严格依法行使检察权，既是依法治国的基本要求，也是检察权行使的一项基本原则。它体现了法律监督职能的基本特点，也是检验检察机关和检察人员行使检察权正当性的基本标准。

严格行使检察权，要求检察人员必须在法定职权范围内，按照法律规定的程序行使检察权。检察机关的职能活动必须严格限定在法律规定的范围内并在法律的轨道上进行，无论是检察权行使的对象，还是检察权行使的手段和方式，都必须具有法律依据。刑事诉讼法和行政诉讼法规定了人民检察院对于诉讼活动实行监督的原则和程序，民事诉讼法同时规定了人民检察院对民事审判活动实行监督的原则和程序，检察权作为一种程序性权力，必须严格按照程序性规定行使，保证法律监督活动具有法律效力。

严格行使检察权，要求检察人员要理性执法。检察人员在执法活动中要坚

守客观公正立场，遵循法律规定，尊重司法规律，秉持法律思维。在我国，检察机关是法律监督机关，不是单纯的控方。联合国《关于检察官作用的准则》也规定了检察官的客观性义务。检察人员要始终坚持以维护公平义务为目标，站在客观立场上进行执法活动，按照法律规定并尊重事实真相。在执法活动中，要全面收集固定证据，特别是对犯罪嫌疑人有利的或不利的各种证据，不得顾此失彼或厚此薄彼。在依法行使自由裁量权时，要充分考虑各方面的利益和情况，确保所做决定的合法性、必要性、客观性和连贯性。

依法行使检察权，要求检察人员要规范执法。检察人员要严格执行法律，执法行为要符合相关法律、法规，以事实为依据，以法律为准绳。执法过程和执法活动必须符合立法目的，符合法治精神。检察人员要遵守执法行为规范、职业纪律和职业道德的要求，严守政治纪律、组织纪律、工作纪律和廉洁从检纪律，落实职业要求，恪守职业操守。

（三）约束权力行使，自觉接受监督并加强自我监督

任何公共权力都是有边界的，都必须在法律的框架内行使，检察权也不例外。检察权在本源意义上属于人民所有，检察机关、检察官只是代表人民行使检察权。检察机关首先要自觉接受监督。我国宪法第2条明确规定，中华人民共和国的一切权力属于人民。人民依照法律规定通过各种途径和形式，管理国家事务，管理经济和文化事业，管理社会事务。而检察机关作为国家专门的法律监督机关，同样也是受到监督和制约的机关。对此，检察官法第8条规定，检察官应当履行接受法律监督和人民群众监督的义务。

接受监督是检察机关和检察人员的一项法定义务，同时也是检察权得以正确行使的重要保证。检察机关要自觉接受外部监督，包括接受党委的领导和监督；接受人大及其常委会的监督；接受政协的民主监督；接受公安机关、人民法院的法定部门的外部监督制约；接受群众和舆论的监督及人民监督员的社会监督。

检察机关和检察人员要强化自身监督，牢固树立监督者更要自觉接受监督的权力观，将自身监督放在与强化法律监督同等重要的位置，不断强化廉洁从检意识，确保公正执法、廉洁用权。

（四）坚持有权必有责，滥用必追究

权力是一把"双刃剑"，公正地行使权力可以伸张正义，为民造福；不当行使权力，就会损人利己，祸国殃民。检察官要树立正确的权力与责任的意识和观念。检察工作的方方面面都与人民群众的切身利益密切相关，权力越大，责任则越重。权力靠责任来约束，责任靠权力来履行和落实。

检察人员要树立正确的权力观，要正确处理权力与责任的关系，珍惜人民

赋予的权力，确保用于为人民谋利益，而不能滥用职权，以权谋私。

检察人员要正确地行使职权，严格按照法定职权，依据法律设定的程序、步骤、方法履行监督职责，做到既不越位，又不缺位。对于检察人员不正确履行职责，甚至滥用检察权、以案谋私、贪赃枉法的行为必须依法追究责任，从而确保检察人员依法规范地行使检察权。

（五）坚持平等思想，防止特权思想

党的十八大提出"逐步建立以权利公平、机会公平、规则公平为主要内容的社会公平保障体系"，强调用平等的原则反对特权。其中，司法是正义的制造者，在维护公平正义方面同样具有独特的不可替代的价值和功能。在我国司法体系中，检察官不仅参与正义的生产行为，还要参与对司法不公的矫正行为。同时，检察官又是司法体系的正义的捍卫者，其作为国家和人民的公益的代表者，要维护国家法律统一正确地实施。

作为法律监督者，检察人员要平等地行使检察权。首先，在处理具体案件时要平等地适用法律，对所有公民的违法或犯罪行为，一律平等地依法追究法律责任。其次，要对所有公民的合法权益平等地予以保护。再次，要以平等的态度对待各方当事人，既注重对被害人权益的保护，又注重对犯罪嫌疑人、被告人权益的保护。要坚持"控辩平等"原则，明确犯罪嫌疑人、被告人既是追诉的对象，又是享有与控方平等诉讼地位和对等诉讼权利的诉讼主体，注重听取犯罪嫌疑人及其辩护人的意见，保障其依法享有的人格尊严和权利。最后，在执法活动中要保持平等谦和的态度，要强化宗旨意识，平等对待群众，热情服务群众，耐心听取群众诉求。要严禁司法专横，绝不能以执法者自居，坚决防止对群众居高临下、盛气凌人，杜绝在群众面前耍特权、逞威风。

专题三　法治中国建设
——习近平总书记法治思想及重要讲话精神

党的十八大在法治问题上,阐述了一系列新思想、新论断,做出了全面推进依法治国的战略部署,把党的法治理论和法治纲领提升到了新的高度。十八大以来,习近平总书记就法治建设发表了一系列重要讲话,十分明确地提出了"法治中国"的科学命题和建设法治中国的重大任务。这是以习近平同志为总书记的新一届中央领导集体对新形势下法治建设指导思想和行动纲领的集中表达,也正在成为全体中国人民的高度共识和行动宣言。

一、"法治中国"话语体系的形成及其意义

(一)从党的十五大到十八届三中全会:法治中国建设理念的发展

1997年,党的十五大报告第一次明确提出:发展民主必须同健全法制紧密结合,实行依法治国。同时,提出建设社会主义法治国家的奋斗目标。报告系统地、明确地阐述了"依法治国"的科学内涵。"依法治国,就是广大人民群众在党的领导下,依照宪法和法律规定,通过各种途径和形式管理国家事务,管理经济文化事业,管理社会事务,保证国家各项工作都依法进行,逐步实现社会主义民主的制度化、法律化,使这种制度和法律不因领导人的改变而改变。依法治国,是党领导人民治理国家的基本方略,是发展社会主义市场经济的客观需要,是社会文明的重要标志,是国家长治久安的重要保障。依法治国把坚持党的领导、发扬人民民主和严格依法办事统一起来,从制度和法律上保证党的基本路线和基本方针的贯彻实施,保证党始终发挥总揽全局、协调各方的领导核心作用。"把"依法治国"作为治国的基本方略,这是我们党在总结长期的治国理政经验教训基础上提出的。它的确立和实践,是我们党治国理政观念的重大改变。

党的十五大报告首次将社会主义民主政治从精神文明中独立出来,专列标题"政治体制改革和民主法制建设"进行阐述,开启了新的范式,表明党对民主和法制(法治)建设更加重视。从此,法治和法治建设作为民主和民主政治建设的基本内容就放在民主政治中来阐述和部署。在民主政治项下,法治

作为与民主相辅相成的两翼其地位有显著提升，特别是党的十五大报告明确提出要"依法治国，建设社会主义法治国家"之后，法治的重要地位和作用获得空前的重视。[①]

1999年，第九届全国人民代表大会第二次会议将"依法治国，建设社会主义法治国家"写入了宪法修正案。这样，"依法治国"、"法治国家"便从一个政治命题变成为具有效力的宪法规范和宪法命题。[②]

党的十六大首次提出"发展社会主义民主政治，建设社会主义政治文明"的重要目标，并且提出"发展社会主义民主政治，最根本的是要把坚持党的领导、人民当家作主和依法治国有机统一起来"。"党的领导是人民当家作主和依法治国的根本保证，人民当家作主是社会主义民主政治的本质要求，依法治国是党领导人民治理国家的基本方略。"十六大提出与物质文明、精神文明相应的政治文明，并把"依法治国，建设社会主义法治国家"作为政治文明的重要内容。强调党的领导、人民当家作主和依法治国三者统一，这是对中国历史、现实和未来的深思熟虑，成为我国法治建设的根本原则。为落实党的十六大明确提出的"推进依法行政"的任务，2004年，国务院《全面推进依法行政实施纲要》第一次明确提出了"建设法治政府"的目标。

2004年，党的十六届四中全会通过了中共中央《关于加强党的执政能力建设的决定》。明确指出："党的执政能力，就是党提出和运用正确的理论、路线、方针、政策和策略，领导制定和实施宪法和法律，采取科学的领导制度和领导方式，动员和组织人民依法管理国家和社会事务、经济和文化事业，有效治党治国治军，建设社会主义现代化国家的本领。"[③] "必须坚持科学执政、民主执政、依法执政，不断完善党的领导方式和执政方式。""要坚持依法治国，领导立法，带头守法，保证执法，不断推进国家经济、政治、文化、社会生活的法制化、规范化。"[④] "依法执政是新的历史条件下党执政的一个基本方式。党的领导是依法治国的根本保证。加强党对立法工作的领导，善于使党的主张通过法

[①] 张文显：《全面推进法制改革，加快法治中国建设——十八届三中全会精神的法学解读》，载《法制与社会发展》2014年第1期。
[②] 韩大元：《简论法治中国与法治国家的关系》，载《法制与社会发展》2013年第5期。
[③] 《中共中央关于加强党的执政能力建设的决定辅导读本》，人民出版社2004年版，第2页。
[④] 《中共中央关于加强党的执政能力建设的决定辅导读本》，人民出版社2004年版，第4页。

定程序成为国家意志,从制度上、法律上保证党的路线方针政策的贯彻实施。"[①]这是我们党第一次明确将"党的执政能力"与法治紧密联系起来,是我们党在执政方略、执政体制上的重大进步,表明我们党对领导方式和执政方式的认识有了新的深化和拓展。依法执政,成为我们党的执政理念和实践依据。

2012年,党的十八大提出全面推进依法治国,并把"法治确立为治国理政的基本方式"。十八大从治国理政方式的角度对法治给出了新的定位,这一新定位显示了中国法治与各国法治的共通性。从世界范围内来看,法治是现代民主国家治国理政的普遍方式。把法治确立为治国理政的基本方式,顺应了当今时代发展的潮流,体现了世界政治文明的走势。从法治是党领导人民治理国家的基本方略,到法治是治国理政的基本方式,法治的定位并没有发生根本性的变化,而是一脉相承和相互呼应的。不过,前一种定位是对党如何领导人民治理国家的宏观定位,而后一种定位是对各级领导干部如何治国理政的具体要求,法治从党领导人民治国的基本方略具体化为领导干部治国理政的基本准则。报告还进一步提出要"更加注重法治在国家治理和社会管理中的重要作用";"领导干部要提高运用法治思维和法治方式深化改革、推动发展、化解矛盾、维护稳定的能力"。

2012年12月8日,习近平总书记在首都各界纪念现行宪法公布施行30周年大会上的讲话中提出实现全面推进依法治国,加快建设社会主义法治国家这个目标要求,必须全面贯彻实施宪法。依法治国,首先是依宪治国;依法执政,关键是依宪执政。要坚持依法治国、依法执政、依法行政共同推进,坚持法治国家、法治政府、法治社会一体建设。"三个共同推进、三位一体建设",既总结了我们党已有的法治理论认识,又把我们党的法治理论认识往前推进了一步,即在提出"法治国家"、"法治政府"概念的基础上又提出了"法治社会"概念。

2013年1月,习近平总书记在全国政法工作会议上提出"全力推进平安中国、法治中国建设"。自此以后,法治中国从学术的话题成为主流的政治命题,并在学界引起广泛的关注。"法治中国"、"平安中国"与"美丽中国"建设的三位一体,成为新一届中央领导执政的新表述、新理念。

2013年在党的十八届三中全会通过的中共中央《关于全面深化改革若干重大问题的决定》中,设"推进法治中国建设"专题对法治建设和法制改革进行论述和部署,提出:"建设法治中国,必须坚持依法治国、依法执政、依

[①] 《中共中央关于加强党的执政能力建设的决定辅导读本》,人民出版社2004年版,第16页。

法行政共同推进,坚持法治国家、法治政府、法治社会一体建设。""深化司法体制改革,加快建设公正高效权威的社会主义司法制度,维护人民权益,让人民群众在每一个司法案件中都感受到公平正义。"[1]

(二)"法治中国"话语体系的意义

"法治中国",是一个体现政治话语与学术话语良好契合的概念。它的提出和阐发具有重大的时代价值和实践功能。[2]

1. "法治中国"集中表达了以习近平同志为总书记的新一届中央领导集体关于新形势下法治建设的指导思想和行动纲领。"法治中国"是对党的十五大以来所递进发展的法治新思想、新命题、新论断的总概括,反映了党和国家在尊重法治共同规律、立足中国特殊国情基础上推进法治建设的自觉意识和主体姿态。"法治中国"作为政治命题,向国际社会表明了作为共同体的"中国"实行依法治国的自信和中国积极参与国际社会法治对话与交流的勇气与理念。"法治中国"对中国融入人类法治发展进程,提升中国在世界上的法治话语权具有积极的意义。[3] 同时,"法治中国"也与"富强中国"、"民主中国"、"文明中国"、"和谐中国"、"美丽中国"、"平安中国"一起从顶层设计的高度,阐明了法治建设与中国特色社会主义事业之间的内在关系。

2. "法治中国"作为统合性命题,有助于推进中国法治理论深入,推动中国法治实践向纵深发展。针对中国法治与社会发展在新的历史时期所面临的新瓶颈或者新问题,从"法治中国"的概念中可以阐释出"法治政党"、"法治社会"或者"法治经济"、"法治文化"、"法治生态文明"等新内涵,而这些新的论断一旦成为主流学术话语,必将融入官方的政治话语和决策行动体系,进而把中国的法治理论和法治实践拉向纵深。"法治中国"还是一个具有时空维度的概念,它表明中国正处在由"人治"走向"法治"的过程之中,其间难免出现波折和反复,而"法治"和"中国"双重要义的申明能够起到某种纠偏的作用,确保中国的法治建设在通联世界法治文明共同精髓和观照本土情境规定性的平衡轨道上持续行进。[4] 法治作为中国社会的核心价值之一,具有统一性。"法治中国"命题,旨在维护法治的"国家"权威。法治作为治

---

[1] 《中共中央关于全面深化改革若干重大问题的决定》,人民出版社2013年版,第31页。
[2] 刘红臻:《"法治中国建设理论与实践研讨会"综述》,载《法制与社会发展》2013年第5期。
[3] 韩大元:《简论法治中国与法治国家的关系》,载《法制与社会发展》2013年第5期。
[4] 刘红臻:《"法治中国建设理论与实践研讨会"综述》,载《法制与社会发展》2013年第5期。

国理政的基本方式,只能以"中国"的名义实施,实施主体是代表人民根本利益的"中华人民共和国",不能分解为地方化的"政治",否则不利于维护"法治中国"的严肃性与权威性。① 因此,"法治中国"命题有助于我们反思法治实践中出现的"法治地方化"、"法治部门化"、"法治工具化"等流弊。

3. "法治中国"在全面推动深化改革中具有保障作用。中共中央《关于全面深化改革若干重大问题的决定》中指出,"实践发展永无止境,解放思想永无止境,改革开放永无止境。面对新形势新任务,全面建成小康社会,进而建成富强民主文明和谐的社会主义现代化国家、实现中华民族伟大复兴的中国梦,必须在新的历史起点上全面深化改革"②。而全面深化改革的过程就是同步实施法制改革和全面推进法治中国建设的过程。全面深化改革涉及经济、政治、文化、社会、生态、党建等领域。所有改革事项都与法制改革息息相关,涉及现行法律的修改、缺位法律的制定,涉及某些陈旧过时的行政法规、地方性法规的清理与废止,都需要用宪法和法律凝聚改革共识,用宪法和法律来引导和规范改革,用宪法和法律来确认和巩固改革成果。同时,为适应社会现代化和法治现代化的发展,中国法制也要因应客观规律的要求对自身的体制、机制、方法等进行改革。建设法治中国的根本目的之一,就是要通过法治实现国家富强、人民幸福和中华民族伟大复兴的中国梦,就是要在全面深化改革的历史进程中充分发挥法治保驾护航的作用。充分发挥法治独特的引领、规范、促进、保障和惩戒等功能,就能够创造安定团结、和谐稳定的社会环境,创造平等自主、有序竞争的市场环境,创造依法执政、依法行政、依法办事、自觉守法的法治环境,构建"办事依法、遇事找法、解决问题用法、化解矛盾靠法"的法治秩序,从而为全面深化改革提供根本法治保障。

二、"法治中国"建设的主要内容

"法治中国"是法治国家建设的"中国版"和中国法治建设的"升级版",它比"法制国家"、"法治国家"等概念内涵更加丰富、思想更加深刻、形式更加生动,其内容不仅包括依法治国、建设法治国家,依法执政、建设法治政党,依法行政、建设法治政府,依法管理社会和社会依法自治、建设法治社会等综合性和系统性要素,还包括科学立法、严格执法、公正司法、全民守法的法治基本要求和基本标准,尊重和保障人权,依法治权、强化权力的监督制约的法治理念。

---

① 韩大元:《简论法治中国与法治国家的关系》,载《法制与社会发展》2013年第5期。
② 《中共中央关于全面深化改革若干重大问题的决定》,人民出版社2013年版,第2页。

（一）坚持依法治国、依法执政、依法行政共同推进，坚持法治国家、法治政府、法治社会一体建设

法治中国则不仅包括国家层面的法治，而且包括政府层面、社会层面的法治，是全方位、立体化的法治概念。建设法治中国，要坚持依法治国、依法执政、依法行政的共同推进，除了建设法治国家之外，还要法治政府、法治社会一体化建设。法治是治国理政的基本方式，依法治国是党领导人民治理国家的基本方略，是从国家层面而言，其目标是实现法治国家。依法执政是法治中国的根本。因为中国共产党既是执政党，又是领导党。建设法治中国，实现法治中国梦，关键在党，在于党科学而又有效地依法执政，不断提高依法执政的能力和水平，通过依法执政实践，把党建设成为依法执政、善于运用法治思维和法治方式处理改革发展稳定以及国际关系等执政事务的政党，带头守法、在宪法法律范围内活动的政党，坚守宪法至上、维护法律尊严和权威的政党，坚守人权神圣、尊重和保障人权、促进社会公平的政党，支持和监督国家机关依法行使国家各项权力的政党，实现党的领导工作和执政活动的法治化。政府依法行政、建设法治政府是法治中国的关键。党的十六大明确提出"推进依法行政"的任务，2004年国务院《全面推进依法行政实施纲要》第一次明确提出了"建设法治政府"的目标。党的十八大指出：要"推进依法行政，切实做到严格规范公正文明执法"，到2020年实现"法治政府基本建成"的目标。法治政府之下的依法行政就要求：合法行政、合理行政、程序正当、高效便民、诚实守信和权责统一。因此，实现法治政府目标就必须切实转变政府职能，深化行政管理体制改革，创新行政管理方式，增强政府公信力和执行力；深化行政执法体制改革，建立权责统一、权威高效的行政执法体制。完善行政执法程序，规范执法自由裁量权，加强对行政执法的监督，全面落实行政执法责任制，做到严格规范公正文明执法。法治社会是与法治国家互为依存、相辅相成的。如果说法治国家表征"公域"之治，那么，法治社会则表征"私域"之治。在法治国家范畴内，法治意味着民主的法律化、制度化，意味着将公共权力纳入法治的轨道。法治社会首先意味着法治精神、法律规则和法治方式融入社会生活领域，无论是公民，还是法人，都必须尊重法律，维护法律的尊严和权威；其次意味着全体公民和法人学法、懂法、尊法、用法、守法、护法，树立社会主义民主法治、自由平等、公平正义、诚实守信等理念；再次意味着广泛的社会自治，社会自治为社会主体通过自我协商、平等对话解决社会自身

的问题留有广阔空间。① 法治国家引领法治社会,法治社会为依法治国构筑坚实的社会法治基础。一个以民主和法治为基础的平等、自由和协商的社会领域的存在,始终是法治国家的根基所在,因为法治秩序在结构上是社会同国家协调的产物——社会赢得的是自主的空间,得以自由地缔约和结社建构自身;国家和政府则作为社会公共领域在制度上的一种延伸,成为维护法律秩序的手段,本身不得任意侵入、压制或吞并社会的制度空间,否则,法治也就蜕变成赤裸裸的专制。②

(二)科学立法、严格执法、公正司法、全民守法

习近平同志在首都各界纪念现行宪法公布施行30周年大会上的讲话中指出:落实依法治国基本方略,加快建设社会主义法治国家,必须全面推进科学立法、严格执法、公正司法、全民守法进程。"科学立法、严格执法、公正司法、全民守法",是全面落实依法治国基本方略的方针,是建设"法治中国"的基本要求,同时也是实现"法治中国"的基本标准。科学立法是建设法治中国的前提,严格执法是建设法治中国的关键,公正司法是建设法治中国的防线,全民守法是建设法治中国的基础,四者缺一不可。

1. 科学立法。科学立法是建设法治中国的重要前提。科学立法首先要求,继续完善以宪法为统帅的中国特色社会主义法律体系,把国家各项事业和各项工作纳入法制轨道,实行有法可依、有法必依、执法必严、违法必究,维护社会公平正义,实现国家和社会生活制度化、法制化;其次要完善立法规划,突出立法重点,坚持立改废并举,提高立法科学化、民主化水平,提高法律的针对性、及时性、系统性;再次要完善立法工作机制和程序,扩大公众有序参与,充分听取各方面意见,使法律准确反映经济社会发展要求,更好协调利益关系,发挥立法的引领和推动作用。

2. 严格执法。严格执法是建设法治中国的关键。目前执法领域存在的人情执法、关系执法、地方保护以及执法乱作为、执法不作为等情形,不仅损害了人民群众的合法权益,严重影响了执法的公信力,同时也给腐败的滋生提供了可乘之机。要加强对执法活动的监督,坚决排除对执法活动的非法干预,坚决防止和克服地方保护主义和部门保护主义,坚决惩治腐败现象,做到有权必

---

① 张文显:《全面推进法制改革,加快法治中国建设——十八届三中全会精神的法学解读》,载《法制与社会发展》2014年第1期。

② 张文显:《全面推进法制改革,加快法治中国建设——十八届三中全会精神的法学解读》,载《法制与社会发展》2014年第1期。

有责、用权受监督、违法必追究。① 要坚守职业良知、执法为民,教育引导广大干警自觉用职业道德约束自己,做到对群众深恶痛绝的事零容忍、对群众急需急盼的事零懈怠,树立惩恶扬善、执法如山的浩然正气。要信仰法治、坚守法治,做知法、懂法、守法、护法的执法者,站稳脚跟,挺直脊梁,只服从事实,只服从法律,铁面无私,秉公执法。要靠制度来保障,在执法办案各个环节都设置隔离墙、通上高压线,谁违反制度就要给予最严厉的处罚,构成犯罪的要依法追究刑事责任。要坚持以公开促公正、以透明保廉洁,增强主动公开、主动接受监督的意识,让暗箱操作没有空间,让腐败无法藏身。②

3. 公正司法。"公平正义是政法工作的生命线","要努力让人民群众在每一个司法案件中都感受到公平正义。"③ 这是习近平同志对所有政法机关提出的目标。实现这一目标,一是要坚持司法为民,改进司法工作作风,通过热情服务,切实解决好老百姓打官司难问题。司法工作者要密切联系群众,规范司法行为,加大司法公开力度,回应人民群众对司法公正公开的关注和期待。二是要确保审判机关、检察机关依法独立公正行使审判权、检察权。要解决影响司法公正的深层次的制度因素,必须进一步深化司法体制改革。三是要加大司法公开力度,构建开放、动态、透明、便民的阳光司法新机制,提高司法透明度,努力实现公开与公正的高度契合,以回应人民群众对司法公正公开的关注和期待。四是要规范司法行为,要加强对执法和司法活动的监督,坚决排除对执法和司法活动的非法干预,真正做到要努力让人民群众在每一个司法案件中都感受到公平正义。

4. 全民守法。全民守法是建设法治中国的基础与保障。法律不能只是纸上的条文,而要写在公民的心中,使法治成为一种全民信仰。要在广大干部群众中树立法律的权威,使人们充分相信法律、自觉运用法律,形成全社会对法律的信仰,弘扬法治精神,培育法治文化,在全社会形成学法、尊法、守法、用法的良好氛围。法治信仰,是发自内心地认同法律、信赖法律、遵守和捍卫法律。一旦法治成为一种信仰,人们就会长期持续、自觉自愿地遵守法律,把依法办事当成自己的生活习惯。法律只有被信仰,成为坚定的信念,才能内化为

---

① 《习近平在中共中央政治局第四次集体学习时讲话:依法治国依法执政依法行政,共同推进法治国家法治政府法治社会一体建设》,载《人民日报》2013年2月25日。

② 《习近平在中央政法工作会议上讲话:坚持严格执法公正司法深化改革,促进社会公平正义保障人民安居乐业》,载《人民日报》2014年1月9日。

③ 《习近平在中央政法工作会议上讲话:坚持严格执法公正司法深化改革,促进社会公平正义保障人民安居乐业》,载《人民日报》2014年1月9日。

人们的行为准则。推进全民守法的关键,首先是"各级领导干部要带头依法办事,带头遵守法律"。① 法治信仰是法治思维和法治方式的基础。领导干部只有对法治有着发自内心的信仰,才有可能形成法治思维,才能主动、自觉和善于运用法治方式。只有国家机关及其工作人员特别是领导干部带头遵守法律,用法律约束自己的行为,法律才有可能得到平等执行,法治精神才能得以彰显,法治信仰才能得以塑造。其次要让人民信仰法治,自觉守法,就要让他们切实感受到法律能够有效地发挥作用,信仰法治能够给他们带来实实在在的好处。"我们要通过不懈努力,在全社会牢固树立宪法和法律的权威,让广大人民群众充分相信法律、自觉运用法律,使广大人民群众认识到宪法不仅是全体公民必须遵循的行为规范,而且是保障公民权利的法律武器。"② 这就要求立法必须真正反映公众的利益和诉求;要求执法机关、司法机关在老百姓需要保护他们合法权益的时候,能够依法办事,为他们主持公道。从而使人们相信,只要是合理合法的诉求,通过法律程序就能得到合理合法的结果。当人们从一个又一个的执法、司法过程中感受到了公平正义,获得了切实帮助,对法律的信仰自然就会在人们心中、在全社会建立起来。当法治成为全社会的普遍信仰时,法治国家才能实现。

(三)尊重和保障人权与依法治权、强化权力的监督制约

1. 尊重和保障人权。保障人权是法治价值的起点和归宿。党的十五大提出"尊重和保障人权",党的十六大再次重申了这一主张,并把"人民的政治、经济和文化权益得到切实尊重和保障"、"促进人的全面发展"等纳入全面建设小康社会的目标。党的十六届三中全会明确提出以人为本的科学发展观。2004年3月十届全国人大二次会议通过了对宪法的修正案,把"国家尊重和保障人权"正式写进了宪法。尊重和保障人权已经成为21世纪以来党的一项基本政治主张,成了法治国家的一项重要宪法原则。人权的保障必须以宪法和法律的实施来实现,具体表现为对公民基本权利和自由的确认与保障。"公民的基本权利和义务是宪法的核心内容,宪法是每个公民享有权利、履行义务的根本保证。"③ 国家的基本义务,就是要依法保障全体公民享有广泛的

---

① 《习近平在中共中央政治局第四次集体学习时讲话:依法治国依法执政依法行政,共同推进法治国家法治政府法治社会一体建设》,载《人民日报》2013年2月25日。

② 《习近平在中央政法工作会议上讲话:坚持严格执法公正司法深化改革,促进社会公平正义保障人民安居乐业》,载《人民日报》2014年1月9日。

③ 《习近平在首都各界纪念现行宪法公布施行30周年大会上的讲话》,载《人民日报》2012年12月5日。

权利,保障公民的人身权、财产权、基本政治权利等各项权利不受侵犯,保证公民的经济、文化、社会等各方面权利得到落实,努力维护最广大人民群众的根本利益,保障人民群众对美好生活的向往和追求。为了落实上述法律原则,党的十八届三中全会突出地提出维护宪法法律权威,要"进一步规范查封、扣押、冻结、处理涉案财物的司法程序;健全错案防止、纠正、责任追究机制,严禁刑讯逼供、体罚虐待,严格实行非法证据排除规则;逐步减少适用死刑罪名"、"废止劳动教养制度"、"健全国家司法救助制度,完善法律援助制度"① 等,进一步完善了人权司法保障制度。

2. 依法治权、强化权力运行制约和监督。制约和控制权力,防止其滥用和异化,在任何国家都是法治的重心所在。当前,我国权力运行中存在的突出问题:一是权力授予和运行缺乏公开、透明、规范的程序。一些国家权力(公共权力),包括常规权力和非常规权力的授予和运行缺乏法律程序,很容易导致权力滥用。二是权力边界不清,导致多头执法、重复执法、执法扰民、执法坑民和严重的司法地方保护主义与部门保护主义。三是权力没有边界。突出表现在,一些地方党政不分,"一把手"权力没有边界,过分集中,导致"一把手"成为腐败的高发岗位。四是权力自由裁量权过大,特别是行政执法自由裁量权过大,时常导致权力被滥用。当前腐败现象得不到有效遏制,在很大程度上与行政自由裁量权幅度过宽、过大直接关联。五是对权力的制约弱化、监督不力、追责不严,一些制约监督机制形同虚设,尤其是对"一把手"的监督和制约往往是形同虚设、软弱无力、无能为力。② 因此,法治中国建设内容的着力点之一就是依法治权,建立并不断完善依法治权的法律制度。中共中央《关于全面深化改革若干重大问题的决定》强调"规范各级党政主要领导干部职责权限,科学配置党政部门及内设机构权力和职能,明确职责定位和工作任务","推行地方各级政府及其工作部门权力清单制度,依法公开权力运行流程"。设立权力清单制度,就是依法治权的创新举措。建立权力清单制度,完善依法授权,明确哪些是党政机关依法可以做、能够做的,在权力清单之外行使权力就是越权,就是滥用职权,就是违法行为。由此,把权力关进了制度的笼子里。

同时,要完善和强化对权力的监督制约,防止其侵犯人民的权利和自由。一是实行权力之间的制约——立法权、行政权、司法权、监督权等各种权力之

---

① 《中共中央关于全面深化改革若干重大问题的决定》,人民出版社 2013 年版,第 34 页。
② 张文显:《全面推进法制改革,加快法治中国建设——十八届三中全会精神的法学解读》,载《法制与社会发展》2014 年第 1 期。

间的制约，中央与地方逐级分权，防止权力过分集中和垄断。二是强化权利对权力的制约和监督。因为权力来源于权利，服务于权利，权力应以权利为界限，权力必须由权利制约。要把权利权力化，作为制约和监督权力的有效方法。三是制约和监督权力，必然要求权力运行须公开透明。"让人民监督权力，让权力在阳光下运行，是把权力关进制度笼子的根本之策。"[①]

（四）法治是国家治理体系、国家治理能力现代化的核心

"完善和发展中国特色社会主义制度，推进国家治理体系和治理能力现代化"是全面深化改革的总目标。国家治理体系和治理能力是一个国家制度和制度执行能力的集中体现。国家治理体系是在党领导下管理国家的制度体系，包括经济、政治、文化、社会、生态文明和党的建设等各领域体制机制、法律法规安排，也就是一整套紧密相连、相互协调的国家制度；国家治理能力则是运用国家制度管理社会各方面事务的能力，包括改革发展稳定、内政外交国防、治党治国治军等各个方面。国家治理体系和治理能力是一个有机整体，相辅相成，治理体系搭建好了，治理能力才能提高；治理能力提高了，治理体系才能充分发挥效能。[②] 国家治理体系和治理能力现代化的提出是国家治理理念的革命。国家治理不同于传统的国家管理，后者以命令—服从为特征，而前者则强调正确处理政府与市场、政府与社会之间的关系，使其在法治基础上各守其分与良性互动。国家治理体系和治理能力的现代化最后必然要表现为法治现代化，表现为法治作为治国理政的基本方式，体现在运用法治思维和法治方法深化改革、推动发展、化解矛盾、维护稳定上。既然推进国家治理体系和治理能力现代化是全面深化改革的总目标，那么，推进法治中国建设，就必须把法治作为治理体系和治理能力的核心来抓。国家治理体系包括政治治理、经济治理、社会治理、文化治理、生态治理等。治理能力包括执政党科学执政、民主执政、依法执政的能力，政府科学理政（行政）、民主理政（行政）、依法理政（行政）的能力，社会组织参与公共治理和依法自治的能力，党和国家领导人以及各级领导干部深化改革、推动发展、化解矛盾、维护稳定的能力。所有这些治理领域和治理能力，都离不开法治，离不开法治思维和法治方法。

[①] 《中共中央关于全面深化改革若干重大问题的决定》，人民出版社2013年版，第34页。
[②] 许海清：《国家治理体系和治理能力现代化》，中共中央党校出版社2013年版，第15页、第19页。

专题四 检察官的媒介素养

一、检察官媒介素养的重要性

当代社会在传媒的发展、扩张、弥漫和渗透之下不断建构和重构，形成媒介化社会形态。媒介化社会是在媒介融合的技术支撑下，在受众的信息依赖牵引下，表征媒介对社会环境建构的影响力的一种信息社会形态。媒介化社会建立的基础是技术革新背景下的媒介融合，从受众角度来看，揭示了以信息依赖为特征的媒介与社会的互动关系，由于媒介的深刻影响力，社会不断被媒介化，媒介的影响深入到社会政治、经济、文化各个领域，成为人们理解世界和应对社会变化的主要工具。①

作为媒介化社会的重要特征之一，社会联系的数字媒介化使得网络成为人们生活和工作的真实场域，线上线下的界限日益模糊，构成全新的混合空间。② 这一混合空间极大影响了社会公众的个体行为、群体行为和舆论表达，传统单一宣传角色的传播者在舆论表达中的变化尤为显著，受众主体性不断增强给惯于舆论控制和引导的传播者带来挑战。③

在此媒介化社会潮流不可逆转的背景下，媒介过度使用的弊端逐渐凸显，为了改变这一局面，在全社会范围内普及媒介素养教育的命题重新提出。④ 媒介素养（Media Literacy），在媒介教育领域是指正确使用媒介和有效利用媒介的能力，是个体在现代社会所必须学习和具备的一种能力。⑤ 媒介素养教育兴起于20世纪30年代的英国，其内容和目的均随着媒介的发展而有所变

---

① 参见张晓锋：《论媒介化社会形成的三重逻辑》，载《现代传播》2010年第7期。
② 参见夏德元：《全球媒介化社会电子空间与现实空间的互扰》，载《东吴学术》2013年第4期。
③ 参见张涛甫：《媒介化社会语境下的舆论表达》，载《现代传播》2006年第5期。
④ 参见蔡骐：《媒介化社会的来临与媒介素养教育的三个维度》，载《现代传播》2008年第6期。
⑤ 卜卫：《论媒介教育的意义、内容和方法》，载《现代传播》1997年第1期。

迁，① 但当代媒介素养教育的要旨大体在于养成媒体参与者的必要技能和理性分析能力，使媒介素养成为制衡大众传媒越位的有效力量。② 对于中国社会，长期以来大众传播媒介的喉舌功能使得普通民众对媒介文本的解读是间接参与社会政治生活的重要方式，媒介生态与公众的现实条件和需要有自身特点，关注媒介素养的目的更在于达成媒介与公众的共生与良性互动、促进民主与法制建设。③

综上，检察官媒介素养的重要性可以从以下两个层次表述：首先，检察官作为社会成员，应当具备包括媒介素养在内的现代社会公民的素养；其次，基于检察机关所担负职责的特定社会功能，检察官应当具备与检察职能相适应的媒介素养。

二、检察官需要什么样的媒介素养

对应媒介反映现实和构建现实的两种功能，作为现代公民素养的重要组成部分，媒介素养格外关心两个问题——受众如何处理所接触的媒介信息（特别指向是否具有质疑和批判意识），以及在多大程度上介入媒介内容的生产和创造。④ 媒介素养相应地划分为三个递进组成部分：了解媒介、分析反思媒介和利用媒介。具体到检察官，所需要养成的媒介素养依次为了解媒介及其发展、把握检察工作与媒介的关系、运用各种媒介的能力。

（一）了解媒介及其发展

1. 何为媒介

借生物学概念媒介以指称社会交往的"传播媒介（Communication Media）"，最早由麦克卢汉提出，称"媒介即是讯息"、"媒介是人的延伸"。⑤ 卢曼则提出社会系统理论中的媒介概念，包含如下层面：（1）传播技术层面

---

① 参见黄旦、郭丽华：《媒介教育教什么？——20世纪西方媒介素养理念的变迁》，载《现代传播》2008年第3期。

② 参见蔡骐：《媒介化社会的来临与媒介素养教育的三个维度》，载《现代传播》2008年第6期。

③ 参见陆晔：《媒介素养的全球视野与中国语境》，载《今传媒》2008年第2期。

④ 周葆华、陆晔：《从媒介使用到媒介参与：中国公众媒介参与的基本现状》，载《新闻大学》2008年第4期。

⑤ 参见［加］马歇尔·麦克卢汉：《理解媒介》，何道宽译，商务印书馆2000年版，第33页。

的媒介;(2)符号化的成果层面的媒介;(3)语言和传播形式意义上的媒介。① 通俗来讲,媒介并不等同于大众传媒,而是信息传播技术、信息传播内容、信息传播载体的集合体,随着技术变革和社会变迁而发展变化。在印刷术发明并广泛应用的年代,印刷就是传播技术层面的媒介,印制于纸张上的文字、图形是内容,纸质书籍是传播载体。进入媒介化社会,电子媒介是技术形式,大众传媒则成为核心的内容传播载体,媒介融合是主要特征。②

2. 技术变革与媒介发展

媒介伴随着人类社会交往而产生和发展,带有深刻的时代烙印。技术变革是媒介发展的重要推动,是技术革新给媒介传播内容和形式的革新带来了可能。一项信息传播技术的普及程度也对媒介使用者的结构、使用行为、信息生产传播方式有重大影响。信息传播技术仍在不断发展,媒介也随之不断呈现新的特征。

以信息网络技术为例,20世纪90年代Web1.0技术使公众可通过浏览器软件浏览网页静态信息展示,催生了基于网页开发的各类互联网应用,网络新闻传播有了从邮件、论坛新闻组发展到新闻网站的可能,网站数量的增长则提供了搜索引擎成长的空间。2004年Web2.0的兴起,使各类网络动态应用迅猛发展,多元互动信息传播模式迅速形成,互联网成为最重要的大众传媒载体。从用户角度来看,网络接入技术的发展不断改造着用户结构和网络使用行为。宽带网络的逐渐普及使女性网民比例不断升高,③ 智能手机的发展则使农村地区网民数量大幅增长。④ 信息传播技术的变化也带来了用户使用媒介行为的变化,2013年中国手机网民规模达到5亿,⑤ 手机作为中国网民的第一终端,随时随地上网接收信息、发送信息成为普遍的媒介应用习惯,适应用户习惯的信息生产传播方式也随之产生。

3. 新媒体及其特点

技术变革推动媒介发展,"新媒体"一词应运而生,引发众说纷纭,在学

---

① 参见葛星:《N.卢曼社会系统理论视野下的传播、媒介概念和大众媒体》,载《新闻大学》2012年第3期。

② 参见孟建、赵元珂:《媒介融合:粘聚并造就新型的媒介化社会》,载《国际新闻界》2006年第7期。

③ 参见中国互联网信息中心:《第20次中国互联网发展状况统计报告》,2007年7月。

④ 参见中国互联网信息中心:《2013年中国农村互联网发展状况调查报告》,2014年5月。

⑤ 参见中国互联网信息中心:《第33次中国互联网发展状况统计报告》,2014年1月。

术上尚未形成严谨定义的主流观点。① 但就通常理解而言，仍可大致归纳出新媒体这一普遍用语的含义和特征。首先，新媒体是一个相对概念，一个发展的概念，具有时代特征，必须基于所在的时代来理解。其次，新媒体的"新"是指传播模式的更新，是一个综合概念。②

目前通常所言新媒体，是指以数字媒体为核心的新媒体，特征在于通过交互性的多媒体终端向用户提供信息和服务，主流终端为固定或即时移动的数字化载体。③ 新媒体的新表现在如下方面：其一，多媒体的融合，表现为报纸、广播电视、网络媒体在运营上的融合，文字、图像、声音、影像等复杂元素在内容上的融合，多种传播形式在渠道上的融合，最突出的特征是网络媒体以其传播者众多、信息量巨大、传播速度快、互动即时充分成为主流媒体形式。其二，自媒体（We Media）的发展，由于机构自建网站、博客、微博等自媒体形式的发展和更替，各类机构和个人都加入信息传播者的行列，进一步模糊了传播者和受众的界限，运用媒介的个体随时都在扮演受众和传播者的双重角色，传统握有单向话语权的权威力量不断消解。其三，流媒体（Streaming Media）的应用，结合智能移动终端，使得用户只要接入网络就可以观看、收听音频视频信息成为信息的重要消费模式。

新媒体之中的网络媒介形式具有很强的流变性，表现为热门网络应用的不断兴起衰落更替。例如，微博客取代博客，随后又被微信等应用超越。每一种热门应用都会带来信息传播格局的变化，仍以微博为例，文字微博带来了新闻的碎片化变形、多级传播等新的传播方式，长微博、图片微博技术的加入影响了报纸等媒体的新闻书写习惯，虽然微博传播有着明显的局限性，但其巨大的影响力仍然改变了信息传播格局。④

---

① 参见廖祥忠：《何为新媒体？》，载《现代传播》2008年第5期。
② 参见王东熙：《论新媒体之"新"——从传播模式角度谈新媒体的分类和定义》，载《东南传播》2009年第5期。
③ 参见廖祥忠：《何为新媒体？》，载《现代传播》2008年第5期。
④ 参见张佰明：《嵌套性：网络微博发展的根本逻辑》，载《国际新闻界》2010年第6期；喻国明：《微博价值：核心功能、延伸功能与附加功能》，载《新闻与写作》2010年第3期；黄朔：《媒介融合视域中微博多级传播模式探究》，载《东南传播》2010年第6期；薛冰华：《微博客传播新闻信息的优势和局限性》，载《新闻界》2010年第5期；蔡骐：《微博时代的粉丝传播》，载《东南传播》2010年第8期。

(二) 把握媒介与检察工作的关系

1. 检察机关与舆论

"舆论"二字虽究其字源可谓古已有之，但作为一个当代通用词汇，是对卢梭首次提出的直译应为"公众意见"的概念"Opinion Publique"（英文为"Public Opinion"）的翻译。由于 Public Opinion 在不同场合分别译为公众意见、公共意见或公意、民众意见、民意，舆论一词在不同语境的含义有一定模糊区。① 但通常认为，舆论是指针对某一事件或现象公开表达所形成的公众意见，媒介是舆论的最重要载体；民意较舆论的含义更为宽泛，包含了民众的公开和不公开的意见；舆情是指民意和舆论的情况，涉及公众对社会生活中各个方面的问题的公开意见或情绪反应。② 舆论或舆情、民意表达的都是对事件、现象的关注，通过公众意见形成公共领域，承担着国家和公众沟通的中介作用。③当前舆论热点主要通过互联网形成，网络舆情于是成为反映民情民意的最重要渠道。

由于司法活动关涉社会公共利益，舆论与司法历来存在纠结关系，舆论如何影响司法以及司法如何对待舆论，是可以一论再论的命题。④ 一些案件由媒介发酵为"公案"，成为舆论热点，舆论强烈令司法机关接受舆情炙烤，引发舆论与司法关系的进一步讨论。⑤ 但在当前中国的社会条件下，舆论是公众参与政治、参与社会管理，实施对司法社会监督的一种形式，尽管可能存在偏失，但也有相当程度的合理性。⑥

因而检察机关首先是舆论监督的对象。作为国家法律监督机关，检察机关常常面对"谁来监督监督者"的考问，而事实上，检察机关从未游离于监督

---

① 参见王来华、林竹、毕宏音：《对舆情、民意、舆论三概念异同的初步辨析》，载《新视野》2004 年第 5 期。

② 参见丁柏铨：《略论舆情——兼及它与舆论、新闻的关系》，载《新闻记者》2007 年第 6 期；刘建明：《基础舆论学》，中国人民大学出版社 1988 年版，第 11 页；喻国明：《中国民意研究》，中国人民大学出版社 1993 年版，第 277 页。

③ 参见 [英] 希瑟·萨维尼：《公众舆论、政治传播与互联网》，张文镝摘译，载《国外理论动态》2004 年第 9 期。

④ 参见孙笑侠、熊静波：《判决与民意——兼比较考察中美法官如何对待民意》，载《政法论坛》2005 年第 5 期；徐迅：《中国媒体与司法关系现状评析》，载《法学研究》2001 年第 6 期。

⑤ 参见孙笑侠：《公案的民意、主题与信息对称》，载《中国法学》2010 年第 3 期。

⑥ 参见顾培东：《公众判意的法理解析——对许霆案的延伸思考》，载《中国法学》2008 年第 4 期。

之外。除了基于宪法规定的人大监督,以舆论监督为主要形式的群众监督,是确保检察权依法行使的重要外部力量。其次,检察机关行使职权的活动由于对社会成员间关系发生影响,从而也是构成舆论的要素。当检察机关成为舆论焦点时,通常称为发生了"涉检舆情"。[①] 在一般情形,检察机关对个案的处理和相关意见的发表,也可能参与到舆论之中。此外,司法活动可以创设作为公共秩序的社会规范,因此检察机关作为司法者有责任了解社会动态,尤其是司法机关履行职能的行为对社会的影响。

2. 检察机关在网络社会的角色

网络传播的吸引力和网络舆情的威力,很容易使司法机关将自身定位于网络用户的角色,而忘记了网络社会的实在性。网络社会是曼纽尔·卡斯特20世纪90年代在其信息时代三部曲第一卷《网络社会的崛起》一书中作为结论阐述的预言式概念,崛起的网络社会,其基本特征是信息主义、全球化、网络化;网络社会是一个新的社会结构,即扁平的结构;网络社会的主导技术力量是信息技术范型;网络社会的新就业模式是技术与组织创新加多样化的职业世界;网络社会的沟通系统,是多种传播模式的数字化整合。[②]

从社会交往角度看,"网络社会"一方面是一种现实社会的结构形态,例如网上论坛、BBS,与聚集在特定场所召开会议或在报刊上发表言论并无实质不同,电子商务则更是商业形态的一个现实发展,可以说没有丝毫可称"虚拟"的特征;另一方面是基于技术网络形成的虚拟社会形式,例如角色扮演类型的网络游戏,是在网络空间对现实情境的模拟,作为游戏虽然不直接对应于现实社会的生活,但仍然是现实社会的人参与其中从而能够产生现实社会关系的网络行为。作为一种"新"的社会结构形态,"网络社会"的新特征主要表现为人们交互作用的媒介、方式、规则与传统社会不同。在网络社会,人们交互作用的媒介主要是接入通讯网络的各种终端,例如电脑、移动电话等;网络社会行为方式的特点主要是开放性,参与者没有身份限制;网络社会的交互规则是,信息传播是平层的,缺少被指定的舆论权威,得到传播并成为热点的

[①] 参见胡铭、刘斌:《从公案看涉检舆情应对机制》,载《浙江工商大学学报》2012年第4期。

[②] 参见[美]曼纽尔·卡斯特:《网络社会的崛起》,夏铸九等译,社会科学文献出版社2001年版,第569页。

信息，其力量在于一定数量的网络社会公民的认同。①

检察机关在社会管理之中的本质角色，就是通过法律监督职能的履行，为社会的健康发展提供保障。这一本质角色，也不因社会是所谓传统社会抑或网络社会而有所改变。检察机关法律监督职能与网络社会的连接点主要体现为：检察机关对网络安全及秩序的间接监督、检察机关对网络不法行为的监督、检察机关获取案件线索的渠道、检察机关介入公共事件的渠道。

网络社会建立在若干技术标准之上，从法律层面来看，网络应用的迅速变化主要是技术层面，而其不变之处则为，一切通行的技术均需满足网络线路及连接本身的安全、网络传输信息的安全、交易的安全、个人权利及其他权利的保护、数据的保存与管理等保障网络社会秩序的几个方面。网络社会秩序之建立与维护，首先，是行政机关的职责，例如网络安全标准的制定、服务商的准入资质、相关行政许可等。其次，当既有法律规范无法调整因网络运营及应用而发生的社会关系时，需要有权机关制定修改法律法规来应对。在此方面，检察机关与网络社会的连接点在于，对行政机关行使职权的行为依法进行监督，对网络法律的制定参与意见。

网络社会中人们的行为主要包括信息发布、信息获取，以及各种以网络为平台的交易行为。这些行为之中合乎网络行为规范、合法的部分，并不与检察机关的基本职能发生直接关联，而那些非法行为，包括窃取网络用户信息、入侵计算机网络系统、阻断网络服务、利用网络实施犯罪等，则是网络社会与检察机关法律监督职能的连接点。

网络作为信息时代的主要传媒之一，以其开放性成为重要的公众意见表达渠道。由于网络的开放性，大量网络信息的真实性难以确认，但其信息发布和传播的迅捷却是传统媒介无法比拟的。并且现行信访、申诉制度存在不透明的弱点，因此尽管网络信息常常无法验证其可信度，对于检察机关而言，仍不失为获得案件线索的渠道。作为媒体的网络，其披露的与检察机关维护公平正义的职能相关的信息，是网络社会与检察机关法律监督职能的又一连接点。

此外，网络已成为许多公共事件的策源地或推动力。有一定社会影响的案件，或公众认为需要司法介入的事件，通常会在网络上形成一定的舆论。此类舆论或者需要对事件的客观权威说明，或者期待有关机构采取措施或表明态度，其中部分事件落入检察机关职能的范围，从而成为网络社会与检察机关法律监督职能的连接点。

---

① 参见［美］曼纽尔·卡斯特：《认同的力量》，曹荣湘译，社会科学文献出版社2006年版，第1页。

3. 检察工作中的媒介运用

检察机关法律监督职能与网络社会的连接点决定，检察工作中的媒介运用有两个层次：其一是信息发布与接受者层次上的运用，即检察机关运用媒介发布自生信息，同时通过媒介接受与检察职能有关的各种信息。作为信息生成者，检察机关需要根据知识普及和政策宣讲的传播导向，以及相关公众信息获取的需要，对所生成的信息分类发布。作为信息接受者，检察机关需要对获取的信息进行分析处理，作为检察工作的辅助工具。其二是办案过程中涉及媒介相关信息及物品，在司法程序层次上的运用，此时媒介是涉案证据的载体。检察机关需要运用相应的技术手段，取得媒介中以电子数据为主要形式的数据，或对侦查机关获得的证据审查。

（三）运用各种媒介的能力

1. 信息获取及舆情掌握

检察官作为各项检察工作的具体执行者，需要具备符合检察机关与媒介关系的各项能力。首先是信息获取及舆情掌握的能力，并非出于应对舆情或突发事件的需要，而是因为司法机关处理任何事项均需考虑到一般社会经验，符合常识，毕竟在绝大多数情况，法理与人之常情并不是对立关系，办案的法律效果与社会效果实则并无不同指向。处于高速发展中的社会，经验与常识也在变动之中，不断获取新信息、掌握舆情民意，并将其作为理解社会经验常识变动的信息基础，才能在个案办理、个别事项处理中正确运用经验法则，使司法活动不至于脱离常识。[①]

当然检察官有时也因为如下原因需要应对舆情：其一，所办理的热点案件受到公众关注；其二，司法机关程序行为的妥当性受到公众质疑；其三，案件处理结果受到公众质疑；其四，个体言行的妥当性受到公众质疑。而要具备应对突发舆情的能力，就需要日常广泛掌握各类社会信息和舆情的一般特点，了解舆情发生和传播的规律。所有突发舆情事件都有其原因，利益相关、价值共振、情感共鸣是以网络舆论为典型的舆情生成的根本原因，[②] 通过日常积累的媒介信息分析，知悉公众所关注的利益之所在、价值观之基本情形、情感之倾向，才是正确应对舆情的基础。

信息获取和舆情掌握要求检察官具有信息敏感度，能够及时掌握舆论的动

[①] 近年来不少争议案件的背后，即为社会经验常识与法条主义的冲突，例如许霆案。参见苏力：《法条主义、民意与难办案件》，载《中外法学》2009 年第 1 期。

[②] 参见黄永林、喻发胜、王晓红：《中国社会转型期网络舆论的生成原因》，载《华中师范大学学报》2010 年第 3 期。

态，同时要能够很好地搜集分析信息，通过舆论准确把握社会状况、公众利益诉求等，从技能的角度，即要求检察官具备信息检索、信息搜集、信息分析处理的能力。

2. 信息发布及参与舆论

检察官通过媒介发布信息、参与舆论，一种情形是职务行为，即基于授权发布官方信息；另一种情形是个体行为，即作为社会成员，发布代表个人意见的信息。无论哪种情形，信息发布都要服从检察机关的职能性质、检察工作的目的、检察官的职业身份这三个条件的约束。职务行为的信息发布具有授权性、规定性的特征，不得超越权限，不得以个人意见替代机构意志。个体行为的信息发布也要受到检察官身份的约束，不得有损害检察机关权威、检察官形象的行为。

信息发布及舆论参与的媒介多样，检察官需要了解各类媒介的利弊特点，包括受众、传播形式、内容等方面的特点，才能恰当地运用不同媒介，达到较好的信息发布传播效果。媒介包括大众媒体和其他媒介，根据传播形式分类，大众媒体有报纸、广播、电视、网络四种类型，在可容纳的信息类型、信息来源、信息量、内容筛选机制、传播速度、交互关系等方面均有明显差异。网络媒体各种形态如网站、BBS、论坛、微博、即时通讯工具等之间也有较大差异。运用媒介发布信息，要适当选择媒介形式，要考虑不同信息传播特点会带来不同传播效应，更不能强求一种媒介完成其不可能实现的功能。还要注意到媒介是发展的，媒介语言是不断变化的，这些发展变化对于信息发布者而言，意味着信息内容选择、编排，信息发布渠道等都要随时调整。

这就要求检察官在信息发布和舆论参与时有明确的身份意识，有正确选择运用恰当媒介渠道的能力。对于职务行为的信息发布，还要有建立并维护媒介渠道的能力。

3. 信息网络相关案件办理中的媒介运用

在查办利用信息网络实施的犯罪案件时，由于媒介是行为发生的场所，存留着还原违法事实所需的证据线索，无论是利用信息网络实施的传统罪行，还是以信息网络为侵害对象的新型犯罪，都必须从媒介入手，发现真相。此时对媒介的运用以技术侦查、相关信息查找分析为特征。从趋势来看，网络犯罪绝大比例并非采用高超的技术手段实施的高科技犯罪，而是利用安全体系中的人性漏洞，[1] 实施的诈骗等传统犯罪，[2] 因而基于媒介的数据挖掘处理成为侦查的重要措施。检察官对媒介技术、媒介传播形式的掌握，以及作为使用者对媒

---

[1] 这种手法称为"社会工程"。参见 [美] Cristopher Hadnagy：《社会工程：安全体系中的人性漏洞》，陆道宏等译，人民邮电出版社 2013 年版，第 7 页。

[2] 参见许剑卓：《中国网络犯罪情况分析》，载《信息网络安全》2005 年第 12 期。

介传播特点的认识,则构成审查此类案件证据的背景知识,对于正确处理信息网络相关案件而言,是必备的能力。

三、检察官媒介素养的养成

任何素养的养成皆非一时之功,需要点滴积累,知而且行。知的层面,社会结构的变化、公众观念及语言的变化、人际交往的变化、技术的革新等,反映在媒介载体,均为检察官应当及时跟进了解的信息;行的层面,媒介化社会的成员不可避免地要使用媒介,如何提升符合检察官职业身份的媒介使用技能,达到孔子所言"从心所欲不逾矩"的境界,则是媒介化社会的检察官应当不断修炼的。

检察官媒介素养的养成须从四个方面着手:其一,对待媒介的合理态度;其二,运用媒介的日常习惯;其三,特定情形的适当个体行为;其四,履行职务时恰当的机构行为。

(一)对待媒介的合理态度

1. 合乎检察官职业身份的态度

任何媒介都是有其局限性的,每一媒介传递的信息也都是有限的。例如,报纸采编流程相对严谨因而信息通常皆能追溯出处,但信息量有限;网络信息量大,但由于传播者众多,传播链条复杂交织,有许多信息难以辨识来源。检察官借助媒介了解社会信息时,对待媒介的态度应当合乎检察官的客观义务,既不轻信媒介信息,也不妖魔化任何一种媒介传播。

面对舆论的合理态度则须建立在了解公众对专业人士的一般心理基础上。正如公众面对因医患矛盾爆出的舆情时,大多数人会站在患者一方,而较少理性考虑医生实际上只能在医疗技术的范围内负有限责任;因案件处理而引发舆论时,公众也更愿意听当事人一方的倾诉,而不是司法机关的解释。原因一方面在于面对复杂的专业问题,公众由于缺乏感同身受的经验,即便有大量知识普及性质的宣传,总是缺乏充分理解的基础;另一方面,公众对于一些专业人士,抱有过高的脱离事物客观规律的期望,例如期望医生治愈一切疑难重症,或者期望司法机关无偏差还原一切事件真相,每每以结果论是非。而作为专业人士,医生或司法官能做的,只能是恪守职业伦理,无法期望舆情随着宣传的展开而迅速趋向正面。检察官既然有着特定的职业身份,对待媒介的合理态度只能是,以尽力履行职责而非辩解应对不利舆论。

2. 合乎舆论规律的态度

美国《纽约太阳报》19 世纪 70 年代的编辑主任约翰·博加特把新闻解释为"狗咬人不是新闻,人咬狗才是新闻"。虽有偏颇,但揭示了舆论的一个规律,即舆论倾向于关注不寻常的现象;另一舆论规则则是,好事不出门,坏事传千里,坏消息才是好消息,即舆论倾向于披露负面消息。因而舆论呈现的世界比现实更多负面因素。舆论中常常出现的坏消息虽然令人不快,但正常成熟的社会有能力容纳坏消息而不至于造成大规模恐慌,坏消息说明社会存在许多问题,虽然具体问题的程度可能有所夸大。坏消息成为舆论,说明公众对某一问题存在焦虑。了解这样的舆论规律,检察官就不该再追问,为什么检察机关那么多工作成绩舆论看不见,出一点小差错舆情就闹到沸沸扬扬。而应当思考,舆论的后面,是什么样的公众焦虑。理性看待坏消息,将负面舆论看作反映公众关切的镜子,是合乎舆论规律的态度。

(二) 运用媒介的日常习惯

1. 全面了解社会信息的习惯

在日趋价值多元的媒介化社会,众多传播者代表不同的利益诉求,全面了解社会信息是倾听不同声音的前提。媒介信息混杂,从海量信息中接近客观现实,固然需要解读资讯的能力,但要正确分析媒介信息,必定以全面掌握信息为前提。检察官要养成全面了解社会信息的习惯,不迷信权威,不依赖简报摘要。当然全面是相对概念,至少要求检察官不从单一渠道接收信息,应当习惯使用当前主要的媒介类型。

2. 客观理性接收及分析信息的习惯

检察官运用媒介了解社会信息是为更好地履行检察职能服务,客观理性接收及分析信息的习惯极为重要。当然,绝对客观是不存在的,检察官的客观理性是指不预设立场,尽量转换不同的视角,借助媒介信息观察社会。特别是众声喧哗舆论一边倒的时候,更要用批判的态度,审视多方信息。唯有多元信息交锋碰撞,才能带来更多的客观。

3. 及时跟进新媒介技术应用的习惯

作为了解分析信息及信息网络相关案件办理的一个基础条件,检察官应当认识各类媒介的特点,特别是新的媒介形式和其运用的媒介技术。检察官不必要成为媒介技术专家,但应当尽可能了解各类媒介技术的利弊,可能存在什么样的风险,带来什么样的法律问题。例如即时通讯工具如微信等应用,与在线支付平台的捆绑,就可能带来用户银行账户信息泄露、账户被劫持等风险,这是检察官除了作为一般用户之外应当了解的技术知识。媒介技术不断发展,检察官需要有意识地查询有关专业领域的研究报告,以及时更新媒介技术的有关知识。

（三）特定情形的适当个体行为

1. 检察官如何使用自媒体

检察官使用个人网络空间、博客、微博等自媒体，应当注意个人身份与职业身份的严格区分，严格遵守检察机关各项信息发布、新闻宣传、信息发布平台管理的规范性文件之规定。任何情形下，个人自媒体均不得发布检务信息及与执行职务相关的信息，转发检察机关政务自媒体信息时，宜避免表明检察官身份。当发生有关检察机关的舆情时，检察官以普通网民身份通过自媒体转发信息、参与评论时，应当注意保持客观理性的立场，避免出现容易招致舆论争议的倾向。

2. 作为信息传播者的检察官

当检察官作为媒介信息传播者时，要尽量核实信息的来源，尽可能避免转发不实信息。对于缺乏信息来源等基本要件的二手信息，要有警惕心。检察官应当善于做真相的澄清者、不实信息的核对者、来源不详信息的质疑者，而非人云亦云随波逐流的无意识传播者。在澄清真相、描述事实时，检察官还要注意避免专家式的傲慢，尽量以通俗但严谨亲和的语气发言。

（四）履行职务时恰当的机构行为

1. 检察机关如何运用信息发布渠道

特定检察官担负检察机关官方发布职责时，除遵守检察机关新闻宣传、信息发布之规范性文件规定的权限、程序之外，还应当力求信息发布的实效性，需要进一步熟知各类信息发布渠道的利弊，对所发布信息合理分类，选择适当的发布渠道。大体而言，须考虑如下方面：其一，对谁说，即各类信息发布的目标受众；其二，说什么，根据受众需求和传播导向，对信息合理分类；其三，何时说，考虑不同类型的信息不同的时效要求；其四，在哪里说，根据事项的特点和目标受众，选择适当的媒介形式；其五，怎么说，须区分检察机关内部信息交流和对外信息发布、常规信息发布和应对突发事件的信息发布。对外发布应当是新闻或专业报告样式，准媒体化行文，更多考虑目标受众的信息需求而非自身宣传需要。应当重点呈现检察机关的专业性，通过公众对专业性的认同，逐步塑造检察机关在媒介化社会的权威。

2. 检察机关如何参与舆论

检察机关参与舆论有两种情形：一种是通过常规信息发布参与到大众舆论。司法过程本身就是公众关注的潜在要素，检察机关办理案件所传达的法律适用及司法政策信息，会通过其他传播者的表述，间接参与舆论。另一种情形是通过对突发舆情的应对参与舆论。近年来受到舆情较大冲击的各级政府，对于舆情的应对已经逐渐由控制走向以对话和适度引导为主要措施的柔性管理。① 检察机关被舆情关注的情形虽然有所不同,但应对的基本原则是一致的。出现涉检舆情时,检察机关首先应当查明舆情发生的原因,区分情况应对。大体而言,首先应当对公众监督表示感谢,随后根据需要或公布案件进展,或澄清有关事实,或解释法律问题,或公布处理结果。需要注意的是,谨慎作定性评论,尽量不与不同观点辩论,真诚但应当留有余地。

四、检察机关如何在媒介化社会实施法律监督

宏观而论,检察官媒介素养关系到检察机关如何在媒介化社会实施法律监督。不论在何种社会条件,检察机关应当始终以宪法和法律赋予的职能为中心,以理解媒介社会互动关系为基础,以技术为助力,实施法律监督。检察机关的法律监督职能是由宪法法律所规定的,并不因履行职能的环境不同而有所变化。检察机关作为司法机关,与行政机关相比较,其职能之履行本质上是消极的、谦抑的。虽然在当前社会急剧发展变化的时期,检察机关常常也会有一些"积极"的表现,但主要还是在预防、宣传等方面,这是符合检察机关的性质的。检察机关在社会管理之中的本质角色,就是通过法律监督职能的履行,为社会的健康发展提供保障。这一本质角色,也不因社会是所谓传统社会抑或网络社会、媒介化社会而有所改变。检察机关虽然也是媒介使用者,但主要的角色是通过法律监督职能的履行参与媒介化社会管理。

媒介化社会并非特殊的事物,而是社会的一种表现形式。检察机关行使职权实际上早已与媒介发生关联。例如,将网络行为产生的数据信息作为证据使用,通过对通讯网络进行监听等技术措施进行职务犯罪侦查,在网络平台发布案件信息、进行检务公开等。一些检察官也积极参与网络言论,对各种社会事件发表意见,成为网络社会中活跃成员。需要重申的是,检察机关毕竟是由宪法规定的国家法律监督机关,不论作为组织体的检察院,还是作为个人的检察官,其在媒介化社会中的行为之适当性、合宜性,是需要基于检察机关的职权来探讨的。

作为社会公平正义维护者,检察机关自身首先要做到公平正义;作为媒介化社会良好环境的维护者,其在信息网络技术、网络安全、网络信息方面的能

---

① 参见谢金林:《控制、引导还是对话——政府网络舆论管理理念的新思考》,载《中共福建省委党校学报》2010年第9期;王新华、房美玲:《论政府网络舆论干预的边界》,载《求索》2010年第11期;黎慈、纪阿林:《柔性管理:政府走出网络舆论管理困境的有效路径选择》,载《湖北行政学院学报》2010年第6期。

力应当是令人信服的。一个技术架构粗糙、信息管理结构混乱、存在安全漏洞的检察院网站,可能起到完全相反的作用;一个总是以"检察官"身份参与网络舆论的检察官,可能导致公众对检察官真正角色的误会。检察机关必先加强自身信息化建设,才能很好地在媒介化社会中行使职权。这里所说的信息化建设,是指以检察机关的名义进行任何媒介的活动,必须确保满足媒介传播安全、信息安全的条件;任何以检察官身份从事的媒介行为,必须限定在检察官职权范围内;任何与检察机关行使职权、检察官公务行为有关的信息,不得由未经授权者随意发布。

在自身信息网络技能完备的基础上,检察机关应当通过对媒介化社会管理职能部门的监督、网络不法行为的预防等树立公信力。媒介化社会的一大特征是缺少被指定的权威,而权威只能来自多数人的认同。在社会广泛关注的事件中,如果需要检察机关提供意见,而检察机关总是能够发表合乎社会公平正义观念的中肯意见,则能够逐渐成为权威话语的来源。已经引起舆论关注的案件,检察机关依法正确及时处理,并将信息反馈至媒介,也是检察机关获得权威地位的途径。而由于新媒体信息传播速度快范围大,任何不当言论、不当行为,再加上不当回应,则可以轻而易举地摧毁网络上的公信力。

基于在媒介化社会中的公信力,检察机关就可以在新媒体管理规则制定、网络伦理道德建设、网络文化方向引导等方面发挥较为积极的作用。而通过新媒体受理申诉、对网络犯罪的侦查进行监督,以及通过媒介实施其他法律监督职能,亦将获得良好的环境。

总之,检察机关必须认识到以媒介融合为特征的新媒体"双刃剑"的特性,认识到其开放性与规则的关系,认识到媒介技术的社会效应、文化效应,在深刻理解媒介化社会、全面掌握媒介技术的基础上,在参与媒介化社会管理方面发挥自身的作用。

第二部分

检察官法律素养

专题五　中国特色社会主义检察制度的历史渊源与发展

一、中国特色社会主义检察制度

中国特色社会主义检察制度，是相对于大陆、英美和社会主义法系其他国家或地区，以及旧中国、新中国"文化大革命"前的检察制度而言的。即在中国特色社会主义建设理论指导下，由中国共产党领导中国人民依法生成的新中国"文化大革命"后的人民检察制度。[①] 换言之，它起源于"文化大革命"后的中华人民共和国。

由于中国特色社会主义理论有广义和狭义之分，[②] 因而中国特色社会主义检察制度也有广义和狭义之别：广义的不仅包括在中国特色社会主义革命理论指导下，由中国共产党领导中国人民依法生成的新民主主义革命时期人民检察制度（1931～1949 年）与新中国"文化大革命"前检察制度（1949～1978 年），也包括狭义的中国特色社会主义检察制度（1978 年至今）。易言之，广义的中国特色社会主义检察制度起源于 1931 年 11 月 7 日成立的中华苏维埃共和国。

当然实践中，既有人认为，"中国特色社会主义检察制度是伴随着新中国的诞生而建立起来的"，[③] 也有人认为，"中国特色社会主义检察制度，是新中国成立后，特别是党的十一届三中全会以来，在马克思主义基本理论和人民政

[①] 其中，生成包括创立和发展两方面；而之所以说"中国特色社会主义检察制度"也存在创立情形，根本原因在于，1978 年 3 月 1 日，叶剑英委员长在五届全国人大一次会议上作《关于修改宪法的报告》时指出："鉴于同各种违法乱纪行为作斗争的极大重要性，宪法修改草案规定设置人民检察院。"

[②] 其中，广义的包括中国特色社会主义革命理论（含新民主主义革命理论或者武装夺取政权和社会主义改造理论）与建设理论两大部分；狭义的仅指邓小平创立的中国特色社会主义建设理论（包括十一届三中全会之前的草创阶段与之后的发展成熟阶段）——邓小平理论以及"三个代表"重要思想、科学发展观。

[③] 参见施业家等：《中国特色社会主义检察制度概论》，湖北人民出版社 2010 年版，第 45 页。

权建设的基本理论指导下,在深刻总结历史经验和教训的基础上,经过长期的探索和实践逐步形成的,与我国基本国情和政治制度相适应的检察制度"。①而这种断代,显然不能全面、精准地涵盖广义或狭义中国特色社会主义检察制度内容的全部。

二、中国特色社会主义检察制度的历史渊源

（一）概述

顾名思义,中国特色社会主义检察制度的历史渊源,是指最初直接或间接影响中国特色社会主义检察制度创立的各种制度的统称,也是一个集域内域外影响于一身的制度集合、体系。

1. 任何制度包括中国特色社会主义检察制度的创立,都是国家代表为实现政权的长治久安或进行管理的内在要求和外在需要,而依法精心建造的历史性社会产品。因为,"只要国家存在,每个社会就总有一个集团（即国家代表或统治阶级——引者注,下同）进行管理,发号施令（如制定并颁布法律及其检察法）,实行统治（如适用法律及其检察法）,并且为了维护政权而把实力强制机构（包括检方）、暴力机构、适合于每个时代的技术水平的武器（包括创立并发展检察制度）把持在自己手中"。②

2. "某一制度之创立,决不是凭空忽然地创立,它必有渊源,早在此项制度创立之先,已有此项制度之前身,渐渐地在创立。"③ 中国特色社会主义检察制度的创立,也不例外,亦有其历史渊源。

3. 影响制度包括中国特色社会主义检察制度创立的制度因素,无外两类:一类是同性制度的前后影响——前者对后者的孕育,后者对前者的承袭改造。例如,尽管新中国成立前,中共中央颁布《关于废除国民党的六法全书与确定解放区的司法原则的指示》（1949 年 2 月 28 日）提出"在无产阶级领导的工农联盟为主体的人民民主专政政权下,国民党的六法全书应该废除。人民的司法工作,不能再以国民党的六法全书为依据,而应该以人民的新的法律作为

---

① 参见孙谦主编:《中国特色社会主义检察制度》,中国检察出版社 2009 年版,第 1 页。
② 参见［俄］列宁:《论国家》,载《列宁全集》（第 4 卷）,人民出版社 1972 年版,第 47~48 页。其中,检察法亦即检察法律的简称,是指规范检方（即检察机关及其内设、外派机构和检察人员的统称）行为或权力之行为规范的总和,包括国际与国内检察法两类;而检察法、检察机关与检察人员三者共同存在与否,是衡量世界、一国或地区检察制度创立与否的不可或缺要素——检察法是检察制度得以创立的前提条件,检方则是检察制度得以创立的人格力量。
③ 参见钱穆:《中国历代政治得失》（前言）,三联书店 2005 年版,第 2 页。

依据"的推倒重来式主张。但事与愿违的是，随后却鲜有人否认，基于伪六法全书而生成的中华民国立法、司法、行政、考试和监察制度，不是中华人民共和国相应制度的历史渊源。相反，当人们追溯新中国某一制度尤其是某一具体的政治法律起源时，几乎都能在旧中国特别是中华民国乃至清政府找到其前身、雏形。于是，时下便有了针对伪法统——"洗澡水与孩子一起倒掉"做法的理性反思。另一类是异性制度之间的相互影响——"任何一项制度，决不是孤立存在的。各种制度间，必须是互相配合，形成一整套。否则那些制度各个分裂，决不会存在，也不能推行"。① 中国特色社会主义检察制度的创立也概莫能外，至少应与同时代中华人民共和国的立法、司法、诉讼以及政治、经济、历史、文化等制度互相配合。

总之，中国特色社会主义检察制度的历史渊源是多元、集合、体系化的。但总的来说，直接影响中国特色社会主义检察制度创立的制度因素，主要来自两方面：一方面，是我国古代御史、司直、监察制度以及近现代审判、诉讼和之前各时期各阶段中国检察制度对其的影响。② 另一方面，则是"三大法系"国家近现代检察、审判、诉讼制度对其的影响。而实践中，也有人认为，西方的、苏联的、中国古代的检察制度，"或直接或间接地构成新中国人民检察制度的历史渊源"，③ 还有人认为，"中国古代的御史制度、两大法系国家的检察制度以及苏联的检察制度，作为文化元素都对中国特色社会主义检察制度的形成与发展产生了不同程度的影响，构成了它的历史渊源"。④ 但是，不仅如此，还要宽泛得多。

（二）影响中国特色社会主义检察制度创立的国内制度

1. 我国古代御史、司直和监察制度对中国特色社会主义检察制度的直接影响，是以三者与旧中国半殖民地半封建社会检察制度尤其是清末检察制度的功能相近，以及御史、司直、监察人员及其执业机构（或官署）与旧中国尤

---

① 参见钱穆：《中国历代政治得失》（前言），三联书店2005年版，第2页。
② 其中"之前各时期各阶段"包括：清末时期（1843～1911年），含道光、咸丰、同治、光绪和宣统五个阶段；中华民国（1912～1949年）时期，含北洋政府（1912～1928年）与南京国民政府（1928～1949年）两个阶段；新民主主义革命时期（1931～1949年），含土地革命战争（1931～1937年）、抗日战争（1937～1945年）和解放战争（1945～1949年）三个阶段，以及"文化大革命"前中华人民共和国时期（1949～1978年），含创建（1949～1954年）、发展与波折（1954～1966年）、中断（1966～1978年）三个阶段。
③ 参见王桂五主编：《中华人民共和国检察制度研究》，法律出版社1991年版，第4页。
④ 参见孙谦主编：《中国特色社会主义检察制度》，中国检察出版社2009年版，第55页。

其是清末检察人员及其官署——检察局职权、作用相似的客观事实为据的。①为此,一方面,"某一制度(如御史、司直制度)之消失,也决不是无端忽然地消失,它必有流变,早在此项制度消失之前,已有此项制度之后影(如旧中国检察制度),渐渐地在变质"。②另一方面,诸如"中国御史制度基本符合代表国家追诉犯罪,实行司法监督或法律监督的现代检察权的标准,可以完全肯定它是一种比较完整的以实现法律监督为基本职能的检察制度"之推断,③诸如"司直官称,亦缘古制,惟名义近于台谏,④拟改总司直为总检察厅丞;改司直为检察官"之建言,⑤诸如"御史、司直制度是我国古代监察制度的核心内容"之概括,⑥都一语道破了我国古代御史、司直和监察制度与旧中国检

---

① 例如,御史、司直和监察人员及其执业机构所享有的监督法律和法令的实施,对违犯朝廷纲纪的官吏进行弹劾,参与并监督中央司法机关对重大案件的审判活动,全国范围内或在特定地区对地方司法情况进行监督和检查等职权,与近现代检方所享有的一般监督、追诉犯罪、监督审判等职权相似。所谓检察权,即法定的检方职责或职能的统称。与其他国家权力一样,检察权的原始主体是人民,基本主体是国家,承受(或职能)主体是检察机关及其内设、派出机构,执行主体是检察人员特别是其中的检察官。

② 参见钱穆:《中国历代政治得失》(前言),三联书店2005年版,第2页。

③ 参见孙谦主编:《中国特色社会主义检察制度》,中国检察出版社2009年版,第58页。

④ 台谏,唐置官名。台官与谏官的合称。唐以侍御史、殿中御史、监察御史为台官,专司纠劾百官。以谏议大夫、拾遗补缺、司谏、正言为谏官,掌侍从规谏。唐以后仅称侍御史为台谏。明清统归于都察院,职权不再划分。虽亦统称台谏,但性质与唐台谏有所不同。参见高潮、马建石主编:《中国古代法学词典》,南开大学出版社1989年版,第328页。

⑤ 参见光绪三十二年九月二十日(1906年11月6日)《军机处、法部、大理院会奏核议大理院官制折》,载《中国检察史资料选编》,中国检察出版社2008年版,第27页。而司直,即负责检举百官、审核疑案的官吏。汉武帝元狩五年(前118年)始设,帮助丞相检举不法行为。《汉书·百官公卿表》:"秩比二千石,掌佐丞相举不法。"东汉司直"居丞相府,助督录诸州"。光武帝建武十八年(42年)置。献帝建安十八年(213年)复置。后魏孝庄帝永安三年(530年)属于廷尉,审理御史所举劾的案情。北齐改称大理司直。隋因之。唐属大理寺,承旨外出办案并参与审议疑案。《旧唐书·职官志三》:"司直六人,评事十二人,掌出使推覆。"唐朝东宫中也设司直一人,主管纠举宫内属僚与卫队。宋代在大理市内分设断刑司直和治狱司直,各司其职。金代司直"掌参议疑狱,披详法伏"。明以后废止。另据《唐六典》卷二十六:高宗龙朔三年(663年)置"太子司直二人,正七品上","掌弹劾官寮纠举职事",属詹事府。宋以后废。参见华东政法学院本书编写组编:《简明法制史词典》,河南人民出版社1988年版,第139页;高潮、马建石主编:《中国古代法学词典》,南开大学出版社1989年版,第315~316页。

⑥ 参见邱永明:《中国古代监察制度史》,上海人民出版社2006年版,第5页、第112页。

察制度的前身后世关系。而有关我国检察制度创立于何时何地"六说"中的御史即（就）是、前身御史、司直即（就）是和前身司直"四说"，也可佐证这种历史渊源的客观存在、不谬。

2. 我国近现代审判和诉讼特别是刑事诉讼制度对中国特色社会主义检察制度的直接影响，是基于旧中国审检合署机制确立的客观事实为据的。为此，被视为中国检察制度创立标志之一的《大理院审判编制法》［光绪三十二年十月二十七日（1906年12月12日）］第12条明确规定"凡大理院以下审判厅局均须设有检察官，其检察局附属该衙署之内。检察官于刑事有提起公诉之责，检察官可请求用正当之法律，检察官监视判决后正当施行"的同时，以及北洋政府对清廷《民律草案》、《第一次刑律草案》、《刑事民事诉讼法》、《法院编制法》、《商律》、《破产律》、《违警律》的援用，[①] 也一语道破了旧中国审检合署机制的客观存在，以及当时审判、刑事诉讼与检察制度之间的相互依存、配合和影响关系。

3. 我国近现代检察制度对中国特色社会主义检察制度递进式的直接影响——清末检察制度势必影响中华民国检察制度的立法形式和内容，[②] 中华民国检察制度势必影响新民主主义革命时期人民检察制度乃至新中国"文化大革命"前人民检察制度的立法形式或内容，[③] 新民主主义革命时期人民检察制度势必影响新中国"文化大革命"前人民检察制度的立法形式和内容，[④] 新中国"文化大革命"前人民检察制度也势必影响中国特色社会主义检察制度的立法形式和内容。[⑤] 因此，基于所服务政权性质的不尽相同，各时期、各阶段中国检察制度前后之间，既有立法形式或内容相承的一面，也有立法内容或形式相悖的另一面。但相承也好，相悖也罢，都是它们之间藕断丝连、相互影响的现实结果。

[①] 参见谢振民编著：《中华民国立法史》（上下册），中国政法大学出版社2000年版，第54~56页。

[②] 例如，北洋政府对清政府《刑事民事诉讼法》、《法院编制法》的全面援用。

[③] 例如，《晋察冀边区法院组织条例》（1943年2月4日）第1条就规定："本条例根据中华民国法院组织法之基本精神，适应边区基本环境制定之。"

[④] 例如，中华人民共和国检察制度是"在继承新民主主义革命时期根据地和解放区的检察工作的优良传统"的基础上建立起来的。参见王桂五主编：《中华人民共和国检察制度研究》，法律出版社1991年版，第40页。

[⑤] 例如，"这两个法都是在1954年制订的法院、检察院组织法的基础上修改的"。参见彭真：《关于七个法律草案的说明》，载《人民日报》1979年7月1日。

（三）影响中国特色社会主义检察制度创立的国外制度

"1840年鸦片战争后，中国逐渐沦为半殖民地半封建的社会。为了改变国家和民族的苦难命运，一些仁人志士试图将近代西方国家的法治模式移植到中国，以实现变法图强的梦想。"① 这促使清政府收回治外法权，在全面引进近代大陆法系尤其是法德日检察、审判、诉讼制度的基础上，创立了中国近代的相应制度。

我们可从以下几个具体视角观察国外制度对中国检察制度创立的影响：

1. 诸如"至光绪三十年（1904年）后，朝命变法。一时新学当道，效外国三权鼎足司法独立之制。特设法院编置，法内则三法司裁去都察院，改刑部为法部，改大理寺为大理院。外则改按察使为提法司。内外均设审判厅，分高等、地方、初级三等。各审判厅外又设检察厅。大理院外设总检察厅。所有诉讼，外则均归审判官审理，州县不得干预。内则归审判厅大理院审理，法部不能干涉"之总结，② 诸如"中国自古本无检察制度。1920年清廷与英国《续订通商航海条约》中有一款曰'中国深欲整顿本国律例，以期与各西国律例该同一律，英国允许尽力协助以成此举。一俟查悉中国律例情形及其审断办法及一切相关事宜皆臻完善，英国即允许其治外法权'。此为中国企图取消不平等条约之最初表示，亦为准本建立新的司法制度之首次宣布，并可同时视为中国引入检察制度之最早线索……1910年的《法院编制法》最终在国家基本组织法的层面全面确立了此后中国施行近50年的近代审检合署、各自独立行使职权的日式检察制度"之研判，③ 都一语道出了近代两大法系特别是大陆法系尤其是法德日等国检察、审判、诉讼制度，对旧中国检察制度创立的深刻影响。与此同时，有关中国检察制度创立于何时何地"六说"中的由外国引进、殖民入侵两说，④ 也可证明这种深刻影响的真实可靠。

---

① 参见国务院新闻办公室：《中国的法治建设（白皮书）》，载新华网2008年2月28日。
② 参见《清朝续文献通考》卷二百四十二《刑一》，载《中国检察史资料选编》，中国检察出版社2008年版，第32页。
③ 参见［日］冈田朝太郎等著，陈颐点校：《检察制度》（前言），中国政法大学出版社2003年版，第1~3页。
④ 其中，殖民入侵说认为，我国近现代检察制度是英、葡、日、俄、德等殖民者殖民入侵的产物。因为，1843年5月4日的香港不仅有《英皇制诰》，1847年8月的澳门不仅有"1847年8月法令"，1895年11月17日的台湾不仅有《台湾住民治罪令》，1898年8月的旅大不仅有《临时关东州厅官制》，1898年11月的辽东半岛不仅有《关东州对土匪刑罚的规定》，1899年4月15日的青岛地区不仅有《关于华人司法问题的条令》等检察法，而且有相应的检方（即检察机关及其内设、派出机构和检察人员的统称）客观存在。因此，旧中国检察制度最早起源于1943年5月4日的香港，最迟也起源于1899年4月15日的青岛地区，并非光绪三十二年十月二十七日颁行《大理院审判编制法》的北京。

2. 中国共产党早期党员梁柏台（1899~1935年），"被中共派到共产国际去工作，加入苏联共产党，并且参加了苏联当时的司法工作，他对苏联的检察机关和苏联的法律监督比较了解，当时参加了《中华苏维埃宪法大纲》的起草和中华苏维埃机构的筹建"，[①] 则一语道出了社会主义法系特别是苏联检察、审判、诉讼制度，对我国新民主主义时期人民检察制度的"以俄为师"式深邃影响。

3. 诸如"新中国成立后，仿苏联模式，采取审检分立制度，设立了独立于法院系统的专门检察机构。中国检察制度由此经历了一大变革"之推断，[②] 则一语道出了社会主义法系尤其是苏联等社会主义国家检察、审判、诉讼制度，对中华人民共和国检察制度生成的深刻影响。

4. 随后，特别是"文化大革命"结束之后，"三大法系"特别是社会主义法系尤其是苏联等社会主义国家检察法、审判法、诉讼法及其制度，对新中国检察法及其检察制度包括中国特色社会主义检察法及其检察制度的长足影响，也是不胜枚举的。

人民检察制度在借鉴近现代"三大法系"国家检察、审判、诉讼制度有益成果的基础上，对中国近现代检察制度进行本土化改造的同时，逐渐形成了中国特色社会主义检察制度的"中国特色"——"公检法"三机关实行分工负责、互相配合、互相制约原则，贯彻检察委员会民主集中制与检察长负责制相结合的领导体制和决策机制，落实独立行使检察权与接受监督相结合原则，以及构建了中国特色社会主义的检察权——内容构成上不仅包括公诉权，也包括职务犯罪侦查权、决定和批准逮捕权、诉讼监督权以及法律赋予的其他职权；运行机制上，强调检察机关的专门工作与群众路线相结合；政治责任上，主张立足本职，服从服务于党和国家的工作大局，全面履行职责。[③]

总之，中国特色社会主义检察制度，是中国共产党领导中国人民，在吸取中华五千年历史上民主政治制度的精华，继承新民主主义革命时期人民检察制度的优良传统，借鉴、吸收并扬弃"三大法系"尤其是苏联等社会主义国家检察制度有益成果的基础上，以马列主义关于国家与法的理论特别是其中分权制衡和法律监督理论，尤其是列宁的法律监督思想为理论渊源，以毛泽东思想、邓小平理论、"三个代表"重要思想和科学发展观中针对国家与法的理论

---

① 参见孙谦：《平和：司法理念与境界》，中国检察出版社2010年版，第273页。
② 参见[日]冈田朝太郎等著，陈颐点校：《检察制度》（前言），中国政法大学出版社2003年版，第4页。
③ 参见孙谦主编：《中国特色社会主义检察制度》，中国检察出版社2009年版，第58页。

特别是其中的分权制衡和法律监督思想，尤其是党的三代领导集体的检察思想为理论基础，服从服务于中华人民共和国民主政治、法制（治）、经济、文化建设的内在用意和外在需要，而创立并发展起来的。当然，任何制度包括检察制度乃至中国特色社会主义检察制度，"必然得自根自生。纵使有些可以从国外移来，也必然先与其本国传统，有一番融合媾通，才能真实发生相当的作用。换言之，制度必须与人事相配合……而且制度是死的，人事是活的，死的制度绝不能完全配合上活的人事。就历史经验论，任何一制度，绝不能有利而无弊。任何一制度，亦绝不能历久而不变"，[①] 必须随人事的变化而变化，并与人事相配合。为此，才能彰显其利，抑制其弊，使制度最大限度地服从服务于国家代表的统治管理需要。

三、中国特色社会主义检察制度的形成与发展

（一）形成

检察法、检察机关与检察人员三者的共同存在，是检察制度包括中国特色社会主义检察制度创立不可或缺的要素。因此，1978年3月5日，全国五届人大一次会议通过《中华人民共和国宪法》并任命黄火青同志为最高人民检察院检察长，以及最高人民检察院启用印信恢复重建的同时，也标志着中国特色社会主义检察制度的重生创立。

尽管通常认为，1982年9月1日，邓小平同志在《中国共产党第十二次全国代表大会开幕词》提出"把马克思主义的普遍真理同中国的具体实际结合起来，走自己的道路，建设有中国特色的社会主义"，是中国特色社会主义理论初始，但这毫不影响它是指导中国特色社会主义检察制度创立的、最直接的理论基础地位。因为此时，恰好处于它的草创阶段。

（二）发展

如何概述中国特色社会主义检察制度36年发展？见仁见智。也可通过如下六个视角，审视其发展历程：

1. 从促其生成的前提条件——检察法律基础看，经历了一个由无到有、由低到高、由少到多、由国内到国外的演进过程。目前，已经形成一个盘根错节、枝繁叶茂的检察法律规范体系。这一体系以国内检察宪法规范（宪法第129条）为根基，以专门检察法（如人民检察院组织法、检察官法）和检察基本法律规范（如刑法第87条、民事诉讼法第14条）为脊梁，以其他检察法律（如文物保护法第79条、监狱法第6条）规范为筋骨，以检察法律解释

[①] 参见钱穆：《中国历代政治得失》（序），三联书店2005年版，第1~2页。

(如全国人大常委会《关于〈中华人民共和国刑事诉讼法〉第 271 条第 2 款的解释》)、司法解释(如"六部委"《关于实施刑事诉讼法若干问题的规定》第 1 条,最高人民检察院《人民检察院刑事诉讼规则(试行)》,最高人民法院《关于减刑、假释案件审理程序的规定》第 7 条)、政策(最高人民检察院《关于在检察工作中贯彻宽严相济刑事司法政策的若干意见》)和行政法规(国务院《看守所条例》第 8 条)规范为血肉,以检察地方性法规(如河北省人大常委会《关于加强人民检察院法律监督工作的决议》)、自治和单行条例规范(吉林省长白朝鲜族自治县人大《长白朝鲜族自治县自治条例》第 21 条、山东省济南市人大常委会《济南市预防职务犯罪工作条例》第 9 条)、检察行政规章规范(公安部《看守所留所执行刑罚罪犯管理办法》第 8 条、浙江省杭州市人民政府《杭州市土地登记办法》第 52 条第 2 款)甚至诸如准检察解释(如湖北省人民检察院《刑事立案与侦查活动监督调查办法(试行)》)等检察规范性文件规范,以及国际检察法规范(如《联合国反腐败公约》第 11 条)为补充。这些形式、内容和效力等级各不相同的规范形成一个层级分明、内容丰富、体系完整的检察法律规范格局。

2. 从促其生成的人格力量——检察机关看,也经历了一个由无到有、由少到多、由单一到复杂的变化过程,已形成一个完整的检察组织体系和一支高素质、专业化的检察队伍。既有中央和地方各级检察机关及其检察人员,也有一般和专门检察机关及其检察人员;既有检察机关内设机构,也有派出机构及其检察人员。截至 2013 年底,我国共有各级检察院 3653 个,包括:高检院 1 个,省级院 33 个,地级院 401 个,县级院 3218 个,以及铁路、农垦、林业、监狱劳教、工矿、油田、开发区和其他派出检察院 353 个;共有除工勤人员外的检察人员 25087 人,检察人员的素质也不断提高。

3. 从第七至十二次全国检察工作会议主题看,① 第七次(1978 年 12 月 16 ~ 27 日),讨论和确定检察机关在新时期的工作方针和任务,强调要加速检察机构和队伍建设,提出人民检察院组织法修正案;第八次(1988 年 2 月 25 日至 3 月 6 日),总结检察机关重建以来的经验,讨论今后任务,研究检察体制改革,以增强法律监督职能,进一步发挥检察机关在国家政治经济生活中的作用;第九次(1992 年 5 月 4 ~ 9 日),强调一切检察活动都要服从服务于经济建设大局,服从服务于解放和发展社会主义生产力;第十次(1996 年 7 月 8 ~

---

① 之前分别于 1950 年 7 月 26 日至 8 月 11 日,1954 年 3 月 17 日至 4 月 10 日,1956 年 3 月 15 日至 4 月 1 日,1958 年 6 月 23 日至 8 月 18 日,1960 年 2 月 10 日至 27 日,1962 年 11 月 1 日至 15 日在京召开了第一至六次全国检察工作会议。

12日),承前启后,对"九五"期间乃至今后15年检察工作作出重要部署;第十一次(2003年1月4~6日),总结5年来检察工作成绩和基本经验,根据十六大精神,客观分析了面临形势,明确当前和今后一个时期检察工作的指导思想和主要任务;第十二次(2004年6月29~30日),深入学习贯彻中共中央《关于进一步加强人民法院、人民检察院工作的决定》,把中国特色社会主义检察事业推向前进,不断推进和完善中国特色社会主义检察制度的脉络十分清晰。

4. 从检察工作方针看,由最初的"党委领导、群众路线、执法必严、保障民主、加强专政、实现大治"(1978~1987年),发展到"从严治检"、到"一要坚决、二要慎重、务必搞准"、到"两手抓"(1988~1992年),到"严格执法,狠抓办案"(1993~1998年),到"公正执法、加强监督、依法办案、从严治检、服务大局"(1999~2003年),最后到现在的"强化法律监督,维护公平正义"(2004年至今),近些年来又强调要将"强化法律监督与强化自身监督并重"。中国特色社会主义检察制度的工作重心和价值追求与时俱进地变化和发展。

5. 从检察机关职权看,已由1979年人民检察院组织法规定的"(1)对于叛国案、分裂国家案以及严重破坏国家的政策、法律、法令、政令统一实施的重大犯罪案件,行使检察权;(2)对于直接受理的刑事案件,进行侦查;(3)对于公安机关侦查的案件,进行审查,决定是否逮捕、起诉或者免予起诉;对于公安机关的侦查活动是否合法,实行监督;(4)对于刑事案件提起公诉,支持公诉;对于人民法院的审判活动是否合法,实行监督;(5)对于刑事案件判决、裁定的执行和监狱、看守所、劳动改造机关的活动是否合法,实行监督",有增有减地变化为目前由现行人民检察院组织法(1986年12月2日第二次修正)、"三大诉讼法"以及全国人大常委会《关于加强法律解释工作的决议》、《关于加强社会治安综合治理的决定》和引渡法等法律规定的职务犯罪侦查、批准和决定逮捕、刑事公诉、对"三大诉讼"法律监督和法律赋予的其他职权五大方面。中国特色社会主义检察制度的职能定位不断丰富和完善。

6. 从发展阶段看,它又经历了重建和发展(1978~1988年)、开拓进取(1988~1997年)和改革创新(1997年至今)三个发展阶段。其间,既有宪法和人民检察院组织法的决定性影响,也有诉讼立法的丰富取舍;既有科学、专门、细化内设或派出机构的设置革新,也有《法律(检察)专业证书》、检察官和司法警察体制的建立健全;既有主诉(办)、首办和主任检察官办案责任制的试行探索,也有检察举报、检务公开、检察引导侦查、宽严相济、刑事和解、速办刑事轻案、行贿档案查询、量刑建议、强化诉讼监督等改革举措的构建推行；既有内部制约、人民监督员、检务督察、案管、错案责任追究、纪律处分等监督制约机制的创立发展，也有预防和纠正超期羁押、讯问全程同步录音录像、检察业务专家等制度的完善发展……中国特色社会主义检察制度在实践中不断创新和发展。

总之，36 年间，尽管中国特色社会主义检察制度比之前中国检察制度的"八落八起"[①] 幸运得多，但削弱检方职务犯罪侦查权、司法解释权等"谁来监督监督者"的质疑声，并未完全消弭。然而，检察制度的历史特别是新中国检察制度的曲折发展充分验证，检察制度的建立健全与否，是国家法治状况的"晴雨表"。因此，依法治国作为中华人民共和国富强、民主、文明的不二法门，坚持好、发展好、完善好中国特色社会主义检察制度，也理应是实现两个一百年奋斗目标、实现中华民族伟大复兴的中国梦的题中应有之义。

---

① 所谓"八落八起"，即中国检察制度从创立至 1978 年所遭受的八次较大磨难：第一次，是 1927 年南京国民政府裁撤检察机关的一系列举措，并以《裁撤各级检察厅并改定检察长名称令》（1927 年 8 月 16 日）颁行为标志；第二次，是 1935 年召开全国司法会议期间，不少人提出废止检察制度；第三次，是 1937 年 9 月 6 日陕甘宁边区人民政府成立，但原西北办事处的工农检察局等单位被撤销；第四次，是 1942 年春党中央决定精兵简政，陕甘宁边区高等法院检察处及其检察人员被撤销；第五次，是 1947 年 3 月国民党军队进犯陕甘宁边区，检察工作由公安机关和群众团体代为执行；第六次，是 1951 年 10 月全国编制会议召开，决定精简国家机关，提出检察机关只保留名义，不设机构，不配备干部，工作由公安机关兼办；第七次，是 1960 年冬，康生、谢富治建议取消高检院，只留 25 人归公安部领导；第八次，是 1968 年 12 月，在谢富治的授意下，"两高"和内务部军代表以及公安部领导小组提出《关于撤销高检院、内务部、内务办三个单位，公安部、高法院留下少数人的请示报告》指出，检察院全是抄袭外国的，早就应该撤销。后毛泽东批示"照办"。随后，1975 年宪法第 25 条规定："检察机关的职权由各级公安机关行使。"其中后三次也被称为新中国检察制度的"三落三起"。

专题六 检察机关的宪法地位及其理论基础

我国宪法第 129 条规定:"中华人民共和国人民检察院是国家的法律监督机关。"中国检察机关是宪法确认的,代表国家行使职权的"法律监督机关",从事专门的、特定范围的法律监督。因此,只有正确理解法律监督的深刻内涵,厘清检察机关法律监督的基本理论问题,才能正确认识检察机关的性质和地位,准确把握检察机关的功能和作用,界定清楚检察机关法律监督的客体和范围、监督权限与具体手段和措施等问题,从而保证检察机关依法独立行使检察权。

一、检察机关的宪法地位

根据宪法和法律的规定,我国检察机关是国家的法律监督机关,依据全国人民代表大会的授权对国家法律的统一、正确实施进行专门监督。检察机关行使的职务犯罪侦查、侦查监督、公诉、民事行政检察等一系列检察职能,都具有司法权的属性,是履行法律监督权所必备的手段。这就决定了我国检察机关不同于西方国家检察机关单纯公诉机构的性质,拥有比西方国家检察机关更高的法律地位。

(一)从宪政体制上,检察机关行使法律监督权是我国社会主义宪政的内在要求

与西方国家实行三权分立和两党制、多党制,强调分权制衡和审判独立不同,我国实行中国共产党领导下的人民代表大会制度,强调民主集中制,强调国家机关之间的分工制约和专门的监督机制。分权制衡与分工制约是两种不同的权力结构。西方国家监督制约机制蕴含于权力的分配与运行之中,这是资本主义宪政的根基和主要特点。我国的政体是中国共产党领导的人民代表大会制度。民主集中制是一切国家机构的组织原则,分工制约是保障行政权、审判权和检察权合法、有效运行的机制。这种政体是以国家权力的民主集中为基点的,具有内在的强化权力集中和相互配合的倾向,而监督制约往往不足,或者说,监督制约机制设置不够有效,很容易患上"麻痹症"。因此,设立专门的法律监督机关是社会主义宪政的重要特点。

(二) 检察机关在社会主义宪政中具有独立的宪法地位

在西方"三权分立"的宪政结构中，国家权力被人为地分割为三种权力，即以议事、决策和立制为特征的立法权，以命令、统筹为特征的行政权，以协调、中立和裁判为特征的司法权。在"三权分立"的宪政制度下，检察机关大多数是隶属于政府的司法行政部门，也有个别隶属于法院系统。检察机关与立法机关、司法机关、行政机关不是同一层次的国家机构，往往隶属行政机关，在国家宪政结构中没有独立的宪法地位。①

在我国，人民代表大会制度是我国的根本政治制度。在人民代表大会制度中，国家权力机关在整个国家机构体系中居于主导和支配地位，国家行政机关、审判机关和检察机关都由它产生，对它负责，受它监督。如果说在"三权分立"的宪政结构中国家权力呈现出一个平面三角形的话，那么在人民代表大会制度的宪政结构中，国家权力则呈现一个立体三角形。人民代表大会居于三角形的顶端，统一行使国家权力以保证国家权力的完整性。在人民代表大会之下，分别设立国家的行政机关、审判机关和检察机关，分别行使国家的行政权、审判权和法律监督权。在这样的宪政结构中，检察机关就有了独立的宪法地位。② 在人民代表大会制度中，行政机关、审判机关和检察机关都由国家权力机关产生，并对它负责，受它监督。这是一个必要的监督机制。但是，仅有人大及其常委会的监督机制是不够的。人民代表大会作为国家的权力机关肩负多重任务，它对行政权和审判权的监督主要是通过人事任免、听取和审议工作报告等方式进行，对行政机关和审判机关的具体工作不可能进行日常的监督，也不宜直接介入或启动行政处罚程序和司法审查程序。因此，设立检察机关作为与行政机关、审判机关平行的法律监督机关，专门行使法律监督权，是加强国家权力机关监督职能必要的制度安排。检察机关的法律监督是从人民代表大会的监督职能中派生出来的，是人民代表大会监督权力的专门化和具体化。

(三) 我国检察机关和检察制度是国家司法机关和司法制度的组成部分

按照现行法律的规定，检察机关的法律监督职能主要在司法领域并以司法的方式发挥作用。司法是检察机关在司法体制中的职能定位，反映了检察机关在刑事诉讼、行政诉讼和民事诉讼中的活动范围、活动方式和活动性质，是检察权在司法领域和诉讼活动中实行法律监督的具体途径。检察机关的职能活动主要在司法领域和司法程序之中，检察制度是司法制度的一部分，这是检察工

---

① 孙谦主编：《中国检察制度论纲》，人民出版社 2004 年版，第 84 页。
② 孙谦主编：《中国检察制度论纲》，人民出版社 2004 年版，第 84 页。

作的重点和特点。但是，检察机关及其法律监督并不局限于司法性质和司法职能这个层面，其在国家的政体和监督体系等层面的地位和功能也是不可忽视的；否则，就不能全面地把握检察机关的地位。①

二、检察机关法律监督的内涵和特点

（一）监督

1. 监督的语义分析

在我国，"监督"被作为术语广泛使用，涵义极为丰富。也正因为监督所含内容的丰富，致使人们在理论建构和学术交流中，对同一概念所负载的意义和内容的信息不相同，甚至截然相反，得出的结论难免大相径庭。而且语义的混乱致使概念之争掩盖了真正的理论争论。因此，澄清"监督"理论上的争讼就要运用语义分析方法，找出同一词语、概念、命题的语义差度，并使同一词语所表达的实际思想内容的差别尽可能缩小，确认要回答的是什么问题，不是什么问题以及这个（些）问题是否真的存在，有些争论是可以避免的或得到澄清和解决的。②

2. 监督的使用场景

"监督"一般在如下场景中使用：

（1）基于权力的所有与行使的分离而生的监督。监督根源于国家权力的所有权与行使权的分离。权力的终极来源，归根结底是构成社会这个整体的每个公民的权利。法律即社会公约，是公民将自身权利让渡给集体而形成的约定。国家权力就是在这种约定之上产生的。也就是说，国家权力的所有者是全体公民。但是，国家的治理不能通过全体公民来直接完成，必须由公民选定的特定人群，组成特定组织来进行具体运作。权力的所有者和行使者相分离就成为必然。这又导致新的问题：公民如何才能保证其意志得到严格的遵守与正确的执行？如何才能避免权力行使者滥用他们得到的权力？

于是，对权力的监督应运而生。国家权力的所有者为了实现对权力行使者的制约，创制出各种监督权力的机制。"民主制的首要含义是防止国家权力脱离其所有者的控制。而对国家权力所有者威胁最大，即最易于、最便于、最有可能将国家权力所有者的权能从其所有者手中夺走的却正好是他们的'仆人'——国家机构及其官员，因为后者是一种有组织的力量，掌握着国家权力行使权。为了保证国家权力行使权的运用能够最大限度地符合国家权力所有

---

① 参见孙谦主编：《中国特色社会主义检察制度》，中国检察出版社2009年版，第8页。
② 张文显：《法哲学范畴研究》，中国政法大学出版社2001年版，第19页。

者的利益与意志,就需要通过分散国家权力行使者的权能并在分别掌握这些权能的不同机关之间建立一定的监督和平衡关系,至少是在它们之间明确划分权限,禁止越权。"①

由此可见,监督是基于国家权力的归属存在所有权与行使权相分离的实际状态,国家权力的所有者——公民基于保障自身权利,而限制权力的行使者——各级国家机关及其工作人员的实际需要。对权力进行监督,源于防止权力被滥用的终极目标。这种场景下的"监督"在我国通常指人民对其民主选举而产生的人大代表进行的监督(如罢免)、对权力机关进行的监督。党员对经其民主选举而产生的党的代表、党的领导权力机构的监督等。

(2)基于权力的决策与执行的分离而生的监督。权力是一种作出决定而予以执行的力量,权力的决策与执行的同一能够有效保证决策的意志实现。但是,现代社会管理的复杂性使权力的决策与执行经常分离,决策者的意志如何在执行中不被歪曲和篡改,因此,需要对执行的监督。这种场景下的"监督"包括权力机关对行政机关的监督、行政机关内部的上下管理监督、权力机关基于立法权的定制决策对司法机关的监督;党的中央委员会对下一级党组织进行的监督;等等。

(3)基于权力的分立制约而生的监督。现代的政治价值观认为,要保障人民政治自由就要限制政府权力,而限制的最好方式是通过在政府内进行职能、机构分立,防止权力集中于一群人手中。没有分权并实现制衡的政府,不论是一个人、少数人或许多人,不论是世袭的、自封的或选举的,均可正确地断定是暴政。② 一个政府有没有实行分权便成为衡量该政府统治下的公民有无自由的一个标准。为保障公民的个人权利,必须谋求对权力的制约。现代国家权力的结构原则发生了根本性变革,权力分立取代了权力集中。国家的权力不再集中到一个个人、集团或机关,而是权力被分配由不同的国家机关行使,并且相互监督和制约,以避免滥用权力,保护公民的个人权利。这种场景下的"监督"在西方社会表现为权力的制衡,在中国社会表现为权力之间的监督。如检察机关对侦查机关的监督和对审判的监督等。

监督在不同的场景下使用时,其所表达的含义和意蕴是有差别的。但是,人们在使用这个概念时忽略了,从而引起争议。比如,说起监督,有人就认为必须是居高临下的单向监督、监督者一定要凌驾于被监督者之上的观点,就是

---

① 童之伟:《法权与宪政》,山东人民出版社 2001 年版,第 310 页。
② [英] W. Ivor. 詹宁斯:《法与宪法》,龚祥瑞、侯健译,三联书店 1997 年版,第 20 页。

把监督中的决策与执行的分离而产生的上级对下级的监督绝对化的结果,它否定了现代社会政治生活中其他场景监督形式客观存在的事实,在理论上是失之偏颇的。正如我国有学者所指出的,"监督"一词有不同用法:"(1) 上级对下级的监督;(2) 平等主体之间的监督;(3) 下级对上级的监督;(4) 外界的监督。监督的主体不同,监督的目的和功能也就不同:上级对下级的监督是为了行使管理权,因而具有管理的功能;平等主体之间的监督是为了相互制约,① 因而具有制衡的功能;下级对上级的监督则是为了提请上级注意自己的行为,具有提示的功能,同时,作为一种民主权利,具有参与管理的功能。至于人民群众的监督和新闻媒体的监督,则是通过举报、控告和申诉,或者通过披露权力行使过程中出现的问题,以引起有关机关和人员的重视,因而达到帮助其改正错误的目的,这是实现人民民主的一种方式。"② 例如,我国宪法第3条规定:"……全国人民代表大会和地方各级人民代表大会都由民主选举产生,对人民负责,受人民监督。国家行政机关、审判机关、检察机关都由人民代表大会产生,对它负责,受它监督。……"这里的人大及其常委会受人民监督,与国家行政机关、审判机关、检察机关受人大监督,就具有不同的含义。前者是基于权力所有与权力行使的分离而产生的权利对权力的监督,后者却是因决策权与执行权的分离而产生的由上而下的监督。

(二) 法律监督

法律监督是我国对权力监督体系中的重要一环,是我国法制中具有特定含义的活动。但是,由于对法律监督这一专门术语的泛化理解,混淆了法律监督与其他监督行为的性质,③ 从而对其在权力监督和保障法律实施监督体系中的地位和作用未得到应有的重视。因此,要厘清法律监督的界限,正确认识其在维护法制中的功能。

"法律监督"在法制中具有重要地位,但是由于这一概念在使用中出现的随意,导致在理论与实践中众说纷纭。理论的纷争往往源于对概念术语的歧义。因此,澄清"法律监督"理论上的纷争也要运用语义分析方法,找出人们在"法律监督"概念的语义差度,从而确认要回答的是什么问题。

---

① 权力制约是指权力主体之间的相互监督,具有双向性、独立性、权力性,它在实行三权分立的国家表现为立法、行政与司法权的相互制约,在我国表现为行政机关、审判机关、检察机关之间的相互监督。在这个意义上,监督和制约是对等的,都是指相对独立的权力主体之间的相互制约。

② 张智辉:《法律监督三辨析》,载《中国法学》2003年第5期。

③ 对此问题的专门论述参见张智辉:《"法律监督"辨析》,载《人民检察》2000年第5期。

1. 法律监督概念的理解和使用

我国学者在法律监督概念理解和使用上的分歧有以下几种情况：

（1）对法律监督的主体认识不同。主要有以下三种观点：其一，认为法律监督是指国家检察机关对法院审判活动和有关机关的职能活动是否合法所进行的监督，这是最狭义的法律监督。即法律监督主体只限于检察机关。其二，认为法律监督是国家机关在各自权限范围内依法对法律实施所进行的监督，这是广义的监督。法律监督的主体是国家机关，不限于检察机关。其三，最广义的法律监督，即除了上述含义的法律监督外，还包括政协、各政党和社会团体、新闻机构、社会公众对法律实施的监督，即凡是对法的实施发挥保证作用的监督形式，都可称为法律监督。法律监督主体包括所有的国家机关、社会团体、企事业单位和公民个人。显然，最狭义的解释所使用的场域是宪法规定检察机关是国家的专门法律监督机关，除了人民检察院之外，其他任何机关、团体和个人，虽然对法律的实施有保障作用，但不属于法律监督权，其活动不能称为法律监督，其不能成为法律监督主体。这种解释实际上是对检察机关法律监督的理解，它是有意地将法律监督的外延缩小以达到其理论上的一致。广义的解释将其他国家机关对法律实施的监督都视为法律监督，但是，不同机关对法律实施监督的内容、方式和效力是不同的，这就难以将不同机关对法律实施的监督与检察机关法律监督区别开来，就难以解释法律监督所具有的特殊保障功能。最广义的解释则是不适当地扩大了概念所使用的场域，将监督法律实施的所有活动都视为法律监督，这使法律监督究竟要解决什么问题显得模糊不清。

（2）对法律监督存在阶段的认识不同。有的认为法律监督是对法律实施进行的监督；有的则提出：把法律监督的内容限定在法律实施方面则是有片面性的，法律监督是对法制的整个运行阶段合法性进行监督，不仅包括对执法、司法、守法状况的监督（所谓法律实施），也包括对立法活动的监督。[①] 这种分歧、争论是否真的存在？我们认为是不存在的，关键是对"法律实施"及"法律"一词的理解，如果把法律实施解释为包括宪法实施在内，显然权力机关的立法活动是宪法实施的重要内容，对立法活动的监督当然也是法律监督内容及存在的阶段。但是在我国的宪政结构下，宪法和法律规定全国人民代表大会不仅制定、修改宪法和法律，而且监督制定法律的活动。因为，全国人民代表大会不仅是立法机关，更为重要的是国家最高权力机关，其他一切国家机关都是由其产生并向其负责的，因此，全国人民代表大会制定的宪法和法律具有

---

① 参见石茂生：《试论法律监督的内容和范围》，载《中外法学》1994年第2期。

最高的法律效力，任何其他国家机关都没有权力对其制定的宪法和法律进行监督。也就是说，对立法的监督是权力机关进行的活动，其他机关不能进行监督。所以，法律监督与立法监督是不同的内容，不能等量齐观。

那么在法律实施中，保障法律公正实施的监督有哪些呢？为便于对问题的理解，有必要对法的运行过程进行简略的和必要的考察。

2. 法的运行过程

法律的实施行为从合法性角度可分为合法行为和违法行为。显然对法律实施行为的监督之对象是违法行为，"违了法，才监督，不违法，就不管"。[①] 对法律实施的监督就是通过对违法行为的发现和处理，疏通被阻塞的权利义务，保证法律运作的畅通，实现法律。对法律实施的监督具有一种纠错、保证功能。违法行为存在于法的运行的各个阶段，对法律实施的监督诠释也须从法的运行过程考察。法从运行的角度可分为立法、法的遵守、法律的适用。立法是一定的国家机关按照法定职权和程序，制定、修改和废止法律以及其他规范性法律文件的一种专门活动，法即是立法机关对一般规范的创造。而立法行为也要遵守立法规范，严格遵守宪法，可以说立法行为是宪法实施行为之一。对立法行为的监督是对宪法实施的监督。法的遵守是公民和社会组织（积极义务的履行和禁令的遵守）按照法律规定行使权利和履行义务的活动，把法的要求变成自己的行为，形成法律所要求的现实社会关系。在这个过程中，是不需要专门机构适用法的阶段，没有国家机构运用强制力进行干预。守法是法律实施的一种基本形式。

法的适用是指法的实现过程中运用国家权力的一种活动，它表明了社会活动中存在这样一种状况，在这种状况中，主体的自治已无法使法律的调整继续进行，如果不运用国家权力把法的一般规范用于对具体事件的处理，法的运作就会中断。这种状况或表现为法律关系不能产生或变更（法律规范不能具体化）；或表现为在法律关系的形式下，法不再向现实化运作，权利不能享用，义务不被履行。这种状况是法的适用的根据，是国家权力运用的必要性之所在。[②] 法的适用的这种情况有以下几类：

（1）按照法律（包括行政法规等）规定行使职权，要求相对人履行义务。如税务机关确认某人有一定收入，根据税法命令他缴纳税款。

---

① 全国人大常委会办公厅编：《发展社会主义民主，健全社会主义法制》，法律出版社1988年版，第183页。

② 黄建武：《法的实现——法的一种社会学分析》，中国人民大学出版社1997年版，第47页。

(2) 根据法律规定必须由国家主管机关向具体主体授予资格、分配某种资源或福利，或基于社会管理需要对具体主体（无职权义务关系）施行强制命令（措施）。这种适用法的行为是一种单方面的意志宣告。如为执行关于含有酒精饮料的生产销售的行政法，主管行政机关就必须授予或不授予法定执照。

(3) 当某种社会关系或事实处于不确定状态，有关机关根据法律排除不确定状态。如宣告死亡、确认某种法律关系。

(4) 公民、社会组织之间发生权利义务纠纷，需要追究法律责任。

(5) 国家执行机关行使职权对违法行为施加制裁（行政制裁）。

(6) 相对人对执行机关的职权行为的合法性发生争议。

(7) 对严重违法行为即犯罪追究法律责任。

上述情况按行政和司法一般意义上划分，可将法的适用归纳为：行政行为（包括职权—义务双向关系和单方面意志的宣告行为）、行政强制行为、行政制裁行为、行政司法行为（复议和诉讼）和司法行为。上述可知违法行为可以存在于法的整个运行中，因此，监督法律的活动也必然作用于法的整个运行中。由于法适用的情形不同，对其监督的形式、手段、效力是不同的。这样，就把对法的实施中的各种监督区别开来，有的是行政执法监督，有的是司法（审判）监督。当执法和守法中的违法极其严重达到犯罪的程度，严重破坏法制；或司法的监督保障机制中出现违法，就要启动专门的监督机制，即法律监督。因此，对法律实施的监督和法律监督是不同层次上进行的监督。

3. 正确认识法律监督应把握的要点

基于上述认识，法律监督是特指检察机关依法对法律的遵守、执行和适用情况进行的有法定效力的监察、督促工作。正确认识法律监督，还应把握以下几点：

(1) 法律监督的法律性。首先，作为法律监督对象的是特殊的法律行为（犯罪行为或司法中的违法行为），一般的违法行为有其他监督实施的机制纠正。其次，法律监督主体的法定性和职权的法定性。法律监督的主体是检察机关。检察机关是宪法规定的唯一的法律监督机关，其他主体实施的各种监督都不能称为法律监督。检察机关法律监督权的行使都有法律规定。再次，作为监督行为的判断标准是法律。检察机关是"法律"的监督机关，检察机关职权的范围仅限于对法律的遵守和执行情况进行监督，而对行政法规、地方性法规以及政府和部门规章执行的监督不属于法律监督的范围。[①]

（2）法律监督的程序性。法律监督仅仅是程序意义而非终局意义，它是一种提示与提醒，是一种启动救济的机制，监督所指向的违法是否存在，需要由相关职能部门的裁决、判决来作出终结。另一个层面，监督的程序性还表现为法律监督同样是要遵循程序。法律监督程序性的两层含义，说明两个问题：一是法律监督并不存在"法官之上的法官"，或"法院之上还有个监督者"的问题，它仅仅是平行机构之间的一种提醒和防错机制，终局决定权在法院；二是把法律监督与社会生活中一般意义和随意使用的"监督"区别开来。因为一般意义上的社会监督没有程序性限制。

（3）法律监督的最后保障性。法律监督在作用方面也是有限的。它不可能也不必要解决所有违法，它解决的是达到法律实施保障的最低限问题。法律监督的一项重要职能是刑事公诉，但它监督的不仅仅是刑事法律的实施。民事、经济法律，包括选举法等，都有"刑事罚责"，即对那些严重破坏法律的行为要追究刑事责任。检察机关对破坏婚姻家庭罪、合同诈骗罪、破坏选举罪提起追诉，就是对婚姻法、合同法、选举法的保障。只不过不是对所有违反婚姻法、合同法、选举法的行为的监督，而是对达到一定严重程度的违法行为——犯罪的控告。对没有构成犯罪的违法行为，通过其他渠道如调解、有关单位和组织教育、新闻舆论以及党纪政纪加以解决，专门法律监督的启动是有条件的，必须达到一定程度，它是社会秩序保障、法律实施保障的最后一道防线，只有当其他维护法律实施机制无法排除违法时，才能启动。所以，它是维护法律的最低可容忍限度，它对所有法律的实施都有保障作用。

三、检察机关法律监督的功能

检察机关作为国家专门的法律监督机关，是国家法制监督系统之构成部分。"法制监督最基本的性质和功能是它的制控性，一是制控法的运行过程，防止、控制和纠正偏差或失误；二是制控权力运作过程，防范、控制和矫制权力的扩张、滥用、腐败。"[②] 因此，检察机关法律监督是法的运行不可或缺的构成性机制和维护法的统一、保证法的实现的机制。

（一）护法功能

法制统一是法治国家的一个基本征表。法制统一不仅是指国家的立法和

[①] 参见韩大元、刘松山：《论我国检察机关的宪法地位》，载《中国人民大学学报》2002年第5期。

[②] 张文显主编：《法理学》，高等教育出版社、北京大学出版社1999年版，第316页。

谐，不相矛盾，更重要的是指法能够得到普遍一致的实施。如何实现法制实施中的统一？其一，通过审判制度（审级制度）的设计，经过法官司法中的法律适用，实现法制的统一；其二，通过设立专门的法律监督机关，对违法行为的主动追究，予以纠偏从而维护法制的统一。两种机制中，前一种因法院行事原则（不告不理）限制，对法制统一的维护具有被动性。检察机关，无论东西方，从其设立的目的上，都具有共同性，即维护国家的法制统一。欧洲大陆法系国家也认为设置检察官的一项重要法治功能就是守护法律，制裁破坏法律的行为。

我国检察机关既属执法机关，又属负有监督职责的法律机关，是"法制守护人"及"法律监督者"。它对法制的守护，主要是通过三个方面来实现的：一是行使侦查职能，对国家工作人员职务犯罪进行察究，以保障国家法律在国家职能活动和权力行使中得到统一正确实施；二是通过公诉，将违反法制的人送上法庭追究其责任，以修补恢复被损害的法制；三是对诉讼活动进行监督，保障国家法律在刑事诉讼、民事诉讼、行政诉讼的全过程中得到统一正确实施。另外，检察机关应坚守客观公正的法制立场，它不仅仅是追诉犯罪的机关，而且是客观公正地执行法律，对有利不利的各种情形予以全面关注，既注意打击犯罪，更要注重保护人权。

（二）权力制约功能

在现代社会，法律监督是权力制约体系的基本构成部分，是防范权力专横、滥用、腐败的独特的运作机制。法律监督是以法律制约权力的基本形式。因为，法的运行过程往往就是权力的运作过程，对法的运行的监控，也就是对权力的运作的监控。在当代中国，国家机关对立法权、行政权和司法权的运用都应有法律上根据，并接受法律的监督。中国检察机关通过法律监督职能的履行，保障行政权和司法权行使的合法性，实现对行政权、司法权的制约。更确切地说，这种监督在保障行政权、审判权合法性方面在一定程度上是有一定范围的，是最低限度的保障，而不是全方位的保障。任何国家都没有设计出全能的、彻底的监督制约机制，任何一种监督的作用都是有限的，同时它必然地与其他形式的监督相连接、相依存。因此，夸大检察机关的法律监督作用或由于"有限性"而否定检察机关在监督制约行政权、审判权中的作用都是错误的。另外，我国检察机关对国家工作人员职务犯罪侦查，也具有充分的权力制约性质。国家工作人员滥用权力、以权谋私、亵渎职守而实施的职务犯罪，是国家管理权力在具体工作人员身上发生异化的标志，这种异化，背离了国家对其授权的初衷，对国家权力的正常运作产生巨大的危害，是行政权、司法权滥用的最集中表现。检察机关对职务犯罪监督，体现的就是以法治权。

(三) 实现法治和民主政治的保障功能

我国社会实行的是间接的民主政治形式，即由人民通过选举产生的代表来行使国家权力。间接民主是以少数执政者与人民之间一定程度的分离作为代价的，如果这种分离无限制地扩大，导致国家权力不依人民的意志运作，民主便不复存在了。因而，以有效的监督制约机制把这种不可避免的分离规制在一定的限度内，防止权力的任性、专横，使权力始终按体现人民意志的法律运行，就成为法治和民主政治的实质内容。检察机关作为国家法制监督系统之子系统，通过对代表人民行使行政权和司法权的人员的法律监督，保障了现代民主政治的实现，检察机关的法律监督就成为实现法治和民主政治有效运作的具体保障机制。

四、检察机关法律监督在国家权力监督体系中的地位

一个国家建立什么样的权力监督体系或模式，受其宪政体制、政治文化传统和社会结构等因素的制约。现代社会中，科学的权力监督体系建构应遵循法治原则、权能原则和合理原则。

法治原则，是指对权力的监督要遵照法定的权限和程序进行。一是国家机关监督的权限要有宪法和法律的明确规定，并与其职权相吻合。权力机关、司法机关、有监督权的行政机关其权限的划分只能在法律规定的职权范围内或法律允许其行使的前提下按照法定程序进行。权力法定是现代法治社会的基本要求，作为制约权力的监督权的设定也应法定化。二是非国家监督主体的监督权限即社会权利的监督也应当有法律制度的规范。因为只有权利上升为法律权利才能具有法定效力和行使的保障，如社会舆论监督。

权能原则，是指划分各主体监督权限时，要充分考虑监督主体的素质特征、权力能力，特别是它们在国家生活中的地位所决定的固有权能和可及的权能。既便于其有效地实施监督，不至于"力不从心"，也不会出现"力所能及"而没有监督权。

合理原则，即整合互补原则。划分监督权限时应从全局着眼，充分考虑各监督主体的权限，既明确区别，又相互补充，成为一个有机整体，形成监督体系，不发生权限移位，不产生权限竞合，甚至权限灭失等现象。

根据中国这些原则和中国特殊的宪政体制和文化传统，中国形成了人大权力机关的监督、政府专门机关的监督、司法机关的监督、作为执政党的共产党党内监督、政协民主监督和社会监督的监督体系。在这个监督体系当中，各种监督主体不同、性质不同，涵盖了不同的监督层次和监督阶段。它们共同作用，呈网络结构，对权力进行约束，保证其正确运行。应当说，每一种监督在

这个体系当中都是不可或缺的。但是，由于监督性质、主体、对象、内容和方式不同，其在监督体系中的地位也有所不同。检察机关的法律监督是我国宪政体制不可或缺的重要组成部分，具有其他监督所不可比拟的优势，由此奠定了法律监督在我国监督体系中非常独特的地位。

(一) 检察机关法律监督的宪政地位决定其在我国监督体系中的独特地位

人民代表大会制度是我国宪政体制的基础。人民代表大会制度是百年来中国宪政追求的历史选择，它以人民主权为实质，实现了代议制度的新发展。人民代表大会制度必须遵循代议制度和宪政的基本精神，对如何实现权力制约作出回答。

我国是工人阶级领导的以工农联盟为基础的人民民主专政的社会主义国家。同这一国体相适应，在政体上，我国政权组织形式采取的是人民代表大会制度。"在这一制度下，国家的一切权力属于人民，人民行使政权的机关是全国人民代表大会和地方各级人民代表大会，但这并不意味着国家的一切权力和职能都由人民代表大会去直接和具体地行使。国家权力是统一的，但实现国家权力的各项职能是可以分离的。"[1] 为了实现国家的管理，我国在坚持人民代表大会统一行使国家权力的前提下对权力进行分工：人民代表大会只负责反映和集中人民的意愿，作出决策并监督决策的贯彻实施；设立行政机关并要求其依法行使各项行政管理职权；设立审判机关并要求其依法对社会矛盾作出裁判；设立军事机关来维护国家的安全和利益。这些机关都由人民代表大会产生，向人民代表大会负责，受人民代表大会监督。"在这种权力架构下，人民代表大会及其常委会固然有权对其产生与下辖的诸权能实施监督，但这种监督只能是宏观的监督和对国家、社会重大事项的监督，而不可能是经常的具体的监督。在人民代表大会下辖的诸权能之间，虽然也有一定的制约，但比较有限"，"这种制约监督主要是人民代表大会对其下辖的诸权能的单向的宏观的监督，而不是各权能间双向的经常的具体的制约监督"，"为了弥补制约监督的不足，防止权力腐败和被滥用，保证国家权力在法治的轨道上正确运行，就必须在人民代表大会下设立专司监督的法律监督权能，并将该权能赋予某一机关，使其成为专门的法律监督机关。"[2] 可见，设立法律监督机关是我国一元分立权力架构下对权力进行制约监督的必然选择。于是，检察机关便应运而生，成为国家的法律监督机关，行使检察权，和权力机关、行政机关、审判机关一道，成为国家机关，成为我国人民代表大会下"一府两院"权力架构的

---

[1] 韩大元主编：《中国检察制度宪法基础研究》，中国检察出版社2007年版，第26页。
[2] 朱孝清：《中国检察制度的几个问题》，载《中国法学》2007年第2期。

重要一极,成为我国宪政体制的不可或缺的重要组成部分。

因此,检察机关的法律监督对于人大制度有着至关重要的意义。法律监督制度的设置,形成了行政权、审判权和检察权在同一平面内相互制约的运行机制,使人民代表大会制度的人民主权原则与宪政的权力制约精神结合在一起。由此可见,代表权力机关与行政机关、审判机关进行相互制约,是我国检察机关作为法律监督机关的根本原因,也是我国和西方检察制度根本不同之所在,体现了法律监督的宪政价值。

(二)检察机关法律监督具有与其他监督形式不同的运行特点

我国监督体系中的六种监督形式,其主体、性质、对象、依据、内容和方式等各不相同。检察机关法律监督在上述几方面具有自己的运行特点,形成了自己特有的优势。

1. 与党内监督相比较,法律监督具有国家性和更强的法治性。党内监督的对象限定为党的各级组织及全体党员,监督依据是党章等党内规章制度。党内监督的正当性直接来源于党员个人的志愿,但其最终仍必须符合宪法和法律的规定。当某个党员违反党的纪律时,党是以党组织的名义给予其党内处分。而法律监督的正当性则是源于人民代表大会的授权,它是宪法授予检察机关的一项法定职权。法律监督制度由宪法和法律直接规定,以国家的名义运行,以国家强制力为保障。法律监督的各个方面、运行的各个环节皆由法而定、依法而行。

依法治国是中国现代化的必由之路。要依法治国,首先要依法执政。对于执政党而言,依法执政包含两方面的要求:一是"党要督促、支持和保证国家机关依法行使职权,在法治轨道上推动各项工作的开展,保障公民和法人的合法权益"[①];二是我们党要及时由革命党思维转变为执政党思维,带头遵守宪法和法律,维护法制,将党的活动自觉纳入法治范围。为此,执政党一方面应当运用党内监督形式,保证国家权力依法运行,另一方面包括党内监督在内的监督体系本身也应当依法而行。检察机关的法律监督完全符合上述两方面的要求:第一,法律监督主要通过启动刑事司法程序,对法的执行和适用情况进行监督,保证行政权和审判权的依法行使,维护法律的统一、正确实施,成为依法执政的重要支持力量;第二,法律监督的主体、对象、程序、效力等均严格法定,其监督活动主要是依托诉讼完成,具有很强的法律特性。也就是说,法律监督以一种本身极为法治化的方式,为监督体系提供了刑事司法保障。从法治发展的角度看,较之党内监督形式,法律监督更符合法治要求,具有独特

---

① 孙谦:《论依法治国与执政能力》,载《中国法学》2005年第4期。

的作用。

2. 与人大监督相比较，法律监督具有具体性和专门性。我国的权力架构是人民主权下的权力分工，在人民代表大会的基础上按照民主集中制原则建立行政、审判、军事等机构来确保国家的正常运行。人民代表大会对这些国家机关进行监督。不难看出，这是一种一元分立权力结构模式，人民代表大会享有对其他国家机关当然的、单向的监督权。然而，由于人民代表大会本身是主权机关、议事机关，所进行的监督只能是宏观和抽象的，其监督重点是对重大问题的监督，包括听取和审议政府、法院、检察院的工作报告、财政预算报告、审计工作报告、对法律法规实施情况的检查、对规范性文件的合宪性和合法性审查、对特定问题的调查等。这种将带来具有"政治责任"后果的宪法监督与为保证国家权力良性运行所进行的常规性监督的侧重点显然不同。检察机关法律监督不可能介入上述领域，它是对具体案件和行为的监督，监督的基本形式是提起诉讼并监督诉讼活动的合法性，同时，通过非诉讼的形式发出检察建议、纠正违法行为。此外，人民代表大会是一种会议制的权力机关，这种机关本身的性质和行使职权的方式也决定了它不可能对被监督对象作出经常性的法律监控。

3. 与政府专门机关监督相比较，法律监督具有独立性。无论是行政监察还是审计部门，都只是行政机关的组成部分。政府专门机关监督，只是行政权系统内的自我约束，不可避免地具有内部监督的天生局限。政府专门机关的监督由于受到行政首长负责制的影响，它只能进行自上而下的单向监督。行政监察或审计等内部监督制度缺乏法治所要求的权力分工和制约，其效果取决于行政机关自身，时好时坏，稳定性不强。而法律监督则具有独立性，并且检察机关的独立性受到宪法和法律的保障。宪法第131条和人民检察院组织法第9条均规定，人民检察院依照法律规定独立行使检察权，不受行政机关、社会团体和个人的干涉。检察机关的独立性受到宪法保障。检察官法第9条规定，检察官享有下列权利：（1）履行检察官职责应当具有的职权和工作条件；（2）依法履行检察职责不受行政机关、社会团体和个人的干涉；（3）非因法定事由、非经法定程序，不被免职、降职、辞退或者处分。法律监督的独立性和外在性使其具备很强的抗干扰能力，更加超脱和公正，在制约行政权时更加有力，为政府专门机关监督所不及。英国思想家洛克说："在一切情况和条件下，对于滥用职权的强力的真正纠正办法，就是用强力对付强力。"[1] 法律监督以其

---

① ［英］洛克：《政府论》（下篇），叶启芳、瞿菊农译，商务印书馆1964年版，第95页。

"独立、外在权力"制约权力的特点,成为监督体系中最具刚性的部分之一,极大地增强了整个监督体系的威力。法律监督独立性的特点,决定了监督效果的客观性和有效性。

4. 与审判机关的监督相比较,法律监督具有广泛性、主动性。基于不告不理的现代诉讼原则,审判权是一种消极的、被动性的权力,它只能针对已经进入诉讼程序中的公权力进行裁判,而对大量的诉讼程序之外的公权力的运行无所作为。审判机关对权力的监督,主要是依法审理行政案件,维护和监督行政机关依法行使行政职权。审判机关的监督,其基本方式就是行政诉讼。而根据我国行政诉讼法的规定,抽象行政行为、内部行政行为和行政终局裁判行为均不属于行政诉讼的受案范围,审判机关只能对具体行政行为的合法性作出裁判;且这种合法性裁判因审判权的消极性而只能被动地行使。而法律监督则能够主动地按照法律规定对权力运行的各个环节中可能出现的权力异化行为进行监察、督促。

5. 与政协民主监督、社会监督相比较,法律监督具有法律强制性。政协民主监督、社会监督是权利对权力的制约。虽然从权力的基本原理来看,公民权利是权力的起源并从根本上约束着权力的良性运行,但是在我国目前阶段,权利对权力的监督还未完全地、完善地纳入法治的轨道。法律文本的规范还较多地停留在对权利制约权力的原理承认上,而对监督的途径、方式、程序等缺乏具体的、详细的规定和保障。同时,由于我国两千年来封建传统中民主氛围和权利意识的缺乏,要使权利发挥出制约权力的本源性的威力尚需时日。因此,我国现阶段在某种程度上,用国家权力强有力地推进宪法的实施,落实制度安排,加强权力制约,使政治权力的设定与运行严格依据宪法显得更为重要。法律监督则拥有一系列必要的法定职权,其监督行为具有法律强制性,直接受到国家强制力的保护,能更好地实现权力对权力的制约。

专题七　检察改革

一、检察改革概述

（一）检察改革的含义

检察改革，是指在司法改革的统一背景下对现行检察体制与工作机制的革弊布新和健全完善。正确理解检察改革的含义，应当明确以下两点：

1. 检察改革是司法改革的重要组成部分，司法改革不能将检察改革边缘化。要正确理解检察改革的含义，必须厘清检察与司法的关系。在我国，法学界与司法界对于何谓司法、司法权、司法机关等概念的认识一直存在重大的分歧，这种分歧可以概括为广义司法、中义司法和狭义司法三种不同的观点。广义司法，泛指公检法三机关适用法律的行为，并将公检法三机关统称为司法机关；中义司法，是以检察和审判活动为司法，将检察机关和人民法院统称为司法机关；狭义司法，则仅指人民法院的审判活动，认为只有人民法院是司法机关。需要指出的是，这一分歧并非毫无意义的咬文嚼字，不同的观点对司法权、司法改革有着截然不同的解读和阐释。例如，持狭义司法观点的同志认为只有法院是司法机关，只有审判权才是司法权，因而司法改革只是或主要是法院改革，从而自觉或不自觉地将检察改革在司法改革中边缘化。我们认为，在我国，不能用"三权分立"的国家权力划分理论来图解司法概念。由于我国是人民代表大会制度下的"一府两院"制，因此对中国的司法、司法权和司法机关等概念和特征的认识，就不能简单地沿袭西方国家的司法概念，更不能用三权分立制度下司法的特征作为衡量司法、司法权、司法机关的标准。就我国宪法、法律和政策的规定而言，应当接受并坚持中义司法的概念，即司法是检察和审判，司法权是检察权和审判权，司法机关包括检察院与法院。我国检察机关是国家法律监督机关，检察权的本质属性是法律监督权，检察权的制度属性是司法权，检察官与法官"同质而不同职"。[①]

2. 检察改革是对现行检察制度的自我发展和自我完善，而不是检察制度的更替。中国的司法改革不是对他国司法制度的盲目借鉴和简单照搬，更不可能是"去中国化"的全盘西化。相反，我国的司法改革应当在遵循普适的司

---

① 参见龙宗智：《检察制度教程》，法律出版社2002年版。

法规律的同时彰显中国的特色。因为没有特色就没有中国,没有特色就必然背离中国的国情,这个特色就是中国的社会主义,就是马克思主义的中国化。马克思主义的中国化并不是一种空泛的理论,它实实在在地表现在具有中国社会主义特色的制度建构之中,中国的检察制度就是马克思主义中国化了的检察制度,它建构在坚实的经济基础之上,总体上符合中国的国情,是具有科学性、正当性、合法性、合理性的司法制度,为中国特色社会主义事业的建设和发展提供了坚强可靠的司法保障。当然,中国现行的检察制度并不是尽善尽美的制度,它也要与时俱进。随着我国经济社会的快速发展和人民群众司法需求的日益增长,司法环境发生了新变化,司法工作遇到了新情况,现行司法体制和工作机制中存在的不完善、不适应问题愈加凸显,迫切需要进行改革和完善。但是,这种改革只是体制或机制上的改革,是制度自身的自我发展和自我完善,而不是对现存制度的彻底否定,更不是推倒重来,另起炉灶。

(二) 检察改革的意义

我国的检察制度是中国特色社会主义司法制度的重要组成部分,而司法制度又是建设中国特色社会主义事业不可或缺的制度保障。检察机关担负着惩治犯罪、保障人权和维护国家长治久安的神圣使命。在改革开放的伟大历史进程中,检察工作在国家和社会生活中的地位、作用和影响日益突出。全面深化检察改革,对于建设公正高效权威的社会主义司法制度,具有特别重要的意义。

1. 检察改革是推进法治国家建设的重要举措

党的十八届三中全会通过的中共中央《关于全面深化改革若干重大问题的决定》,作出了推进法治国家建设的决策,进一步明确了司法体制改革的主要任务,对坚持和完善中国特色社会主义检察制度提出了具体的要求。检察机关作为执行法律并监督法律实施的国家权力机关,不仅自身要严格依照法定权限、法定程序正确行使检察权,确保公正司法,而且还要履行法律监督职责,监督公安机关、审判机关的执法和司法活动。在一定意义上甚至可以说,检察机关的执法活动直接关系到法治国家建设的程度和水平。因此,通过检察改革不断健全、完善我国的检察制度,提升检察队伍的素质和检察机关的业务能力,是推进法治国家建设的必经之路和基本举措。

2. 检察改革是实现社会公平正义的必然要求

"强化法律监督、强化自身监督、维护公平正义"是检察机关的工作主题,检察机关的一切工作都是为了实现和维护全社会的公平正义,维护社会的和谐稳定。公平正义是检察工作的生命线,是社会和谐稳定的基石。当前,我国正处于社会转型的特殊历史时期,各种矛盾突发、高发,各种新型案件层出不穷,公民的权利意识、民主意识不断增强,大量的刑事案件、行政案件、民商事案件汇聚到司法机关,迫切需要发挥司法机关惩恶扬善、化解矛盾、定分止争的作用。为了适应已经变化和正在变革的社会需求,必须与时俱进,革新除弊,加大司法体制包括检察体制改革的力度,通过体制与机制的改革,不断提高司法公信力,努力让人民群众在每一起案件中都能感受到公平正义,筑牢维护社会公平正义的最后一道堤坝。

(三) 检察改革的原则

检察改革作为司法改革的组成部分,必须始终遵循下列原则:

1. 要坚持党的领导。司法体制改革是政治体制改革的重要组成部分,具有很强的政治性、政策性、法律性,必须始终在党中央的统一领导下进行。党的领导是社会主义法治的重要特征,是我国司法体制的政治优势,也是深化司法体制改革的政治保障。要把党的领导贯穿于司法体制改革的全过程,在党中央的统一领导下,科学决策、民主决策、依法决策,做好改革的顶层设计,积极稳妥,循序渐进,实现党的领导、人民当家作主和依法治国的有机统一。

2. 要坚持中国特色社会主义方向。中国特色社会主义是中国人民在中国共产党的领导下作出的历史选择,是当代中国发展进步的根本方向。司法体制改革是社会主义司法制度的自我发展和自我完善,既不能封闭僵化、故步自封,也不能改旗易帜、另搞一套,必须符合我国宪法规定的人民民主专政的国体和人民代表大会制度的政体,绝不能背离我国基本的政治制度。

3. 要坚持从中国国情出发。"一个国家实行什么样的司法制度,归根结底是由这个国家的基本国情决定的。世界上没有也不可能有放之四海而皆准的司法制度。"[①] 我国国情与西方资本主义国家的本质区别:一是在政治上,我国与西方国家是本质不同的两种政治制度、两种法治道路。我们必须坚持中国特色社会主义性质,不能动摇我国司法制度的根本。二是在经济上,我国与西方国家是两种本质不同的经济制度、两个不同的发展阶段,我们必须用符合现阶段实际的司法制度解决现阶段的问题,不能超越阶段提出过高要求。三是在文化上,我国与西方国家是两种本质不同的意识形态、两种不同的法律文化传统,我们必须用符合人民群众意志的思路、方式处理问题,不能简单套用西方国家的司法理念、司法模式。四是在国土和人口上,我国幅员辽阔,人口众多。既存在地区发展的不平衡,又有人口众多所带来的问题。正是前述区别,决定了我国的司法制度既继承了我国古代法治文明的优秀成果,是中华民族智慧的结晶,又吸收借鉴了人类文明的有益成果,具有资本主义司法制度无可比拟的优越性,符合中国国情。"比较法也并非意味着简单地吸收外国法律,它

---

① 孟建柱:《深化司法体制改革》,载《人民日报》2013年11月25日第6版。

也经常阻止外国法律观念渗入其中，巩固传统的法律制度并强化其值得尊敬的优点。"① 实践证明，我国的司法制度是符合我国国情和人类社会发展进步方向的，司法体制改革的目的是要通过对体制机制的进一步完善，使社会主义司法制度的优越性得到更加充分的发挥。

4. 要坚持遵循司法规律。"司法活动有其固有的规律性，只有正确地认识、把握、遵循和运用司法规律，才能实现预期的改革目标。司法体制改革只有遵循司法活动的客观规律，体现权责统一、权力制约、公开公正、尊重程序、高效权威的要求，才能建成公正高效权威的中国特色社会主义司法制度，为人类法治文明发展进步作出应有的贡献。"② 孟建柱同志从宏观角度高度概括了检察活动和审判活动必须共同遵循的司法规律，这对于正确认识司法、司法权、司法规律无疑具有重要的意义。从微观角度看，由于检察机关和人民法院的具体职能不同、上下级关系不同，决定了检察权和审判权的行使具有重要的区别。既不能用审判权行使的特点和规律，来抹杀检察权的司法权属性；也不能忽略检察权行使的特点和规律，在检察改革中照搬审判权改革的模式和做法。

5. 要坚持群众路线。群众路线是党的基本工作路线，坚持群众路线就是坚持人民的主体地位。司法体制改革是亿万人民自己的事业，必须充分听取人民群众的意见，充分体现人民的意愿。要着眼于解决人民群众不满意的问题，自觉接受人民群众的监督和评判。真正做到改革为了人民，改革依靠人民。

6. 要坚持统筹协调、依法推进。司法体制改革是一个巨大的系统工程，既涉及中央和地方之间的关系、各个政法机关之间的关系，也涉及各个政法机关的上下级关系。因此，司法体制改革必须有科学的顶层设计，统筹协调，科学发展。就司法体制改革的性质而言，其本身实际上就是一个法律的立改废的过程，因而司法体制改革必须遵循法定程序，无论是创立新的体制或机制，改革现有的制度或规则，还是废止现行的制度和规定，都必须依照法定程序进行，决不允许以改革的名义损害法治，必须维护国家法治的统一与权威。

（四）检察改革的历程

我国的司法改革肇始于20世纪90年代初，改革伊始就受到了社会各界特别是法学界的高度关注，学术界与司法界都表现出极大的改革热情，学者们著书立说，积极为司法改革建言献策，司法机关则各自制定改革纲要，提出改革

---

① ［德］伯恩哈德·格罗斯菲尔德：《比较法的力量与弱点》，孙世彦、姚建宗译，清华大学出版社2002年版，第64页。

② 孟建柱：《深化司法体制改革》，载《人民日报》2013年11月25日第6版。

目标和任务，陆续出台各种或大或小的改革举措。经过改革之初将近十年的探索，司法改革取得了一些成果，为改革的深入累积了必要的基础。但与此同时也越来越显现出由于司法改革的整体理论准备不足，缺乏统一组织、统一领导、统一部署和顶层设计，许多带有根本性的、制度性的问题仍未解决，诸如为什么要改？改什么？怎么改？哪些制度要坚持？哪些制度要完善？哪些体制要更新？对于这些带有方向性的、基础性的问题众说纷纭，改革热情有余而理性思考不足。

为了适应司法改革的需要，也是顺应人民群众的呼声，党中央从发展社会主义民主政治、加快建设社会主义法治国家的战略高度，根据党的十六大关于推进司法体制改革的决策部署，于2003年成立了中央司法体制改革领导小组，并于2004年12月转发了中央司法体制改革领导小组《关于司法体制和工作机制改革的初步意见》，明确提出了35项改革任务，全面启动了司法体制机制改革，标志着我国司法体制改革从被动适应、零散开展走向主动推进、整体统筹的新阶段。2007年10月，党的十七大在认真总结司法体制改革成功经验的基础上，审时度势，对深化司法体制机制改革作出新的部署。2008年12月，中共中央转发了中央政法委员会《关于深化司法体制和工作机制改革若干问题的意见》，从优化司法职权配置、落实宽严相济的刑事政策、加强政法队伍建设、加强政法经费保障四个方面，再次提出了60项改革任务，将司法体制改革推向新的更高阶段。

（五）检察改革的成果

截至2012年底，两轮司法体制改革部署的各项任务已经基本完成。概而言之，前两轮司法体制改革主要取得了如下成果：

1. 在权力监督制约方面，加强了对侦查、诉讼等活动的法律监督，建立完善了审判委员会制度、人民陪审员制度、人民监督员制度，推进了量刑规范化改革，实施司法公开，规范了上下级司法机关的关系，完善了司法解释的协调和备案制度，对司法权的法律监督、民主监督明显加强，人民参与监督司法更有保障。

2. 在尊重和保护人权方面，改革了死刑核准制度，完善了非法证据排除制度，严格限制了使用影响公民人身和财产权利的强制措施，改革了鉴于体制和看守所监管制度，加大了法律援助和司法救助制度，建立完善了刑事被害人救助制度和国家赔偿制度，使公民的基本权利得到了更加切实的保障。

3. 在落实宽严相济的刑事政策方面，通过修改刑法、刑事诉讼法，一方面，完善了从严惩罚严重犯罪的法律制度，适应新形势下依法打击严重犯罪的法律制度，适时调整一些严重危害社会秩序犯罪的构成要件和法定刑；另一方面，建立和完善了对老年人和未成年人犯罪从宽处理机制，探索建立了刑事和解制度，扩大了缓刑的适用范围，全面推进社区矫正，司法促进社会和谐稳定的功能得到进一步强化。

4. 在践行司法为民方面，完善了民事诉讼简易程序，改革了民事行政案件执行体制和审判监督制度，开展巡回审判，完善了诉讼收费、法律服务收费制度，改革了司法鉴定管理体制，司法机关为民服务更加便捷，人民司法为人民的本色更加彰显。

5. 在队伍建设和经费保障方面，提出了政法机关工作人员分类管理的意见，加大了培训力度，进一步完善了司法考试和政法干警的招录培养制度；改革了政法经费保障体制，加强了政法基础设施建设，将人员编制和经费装备向基层一线倾斜，政法干警的综合素质和政法机关的经费保障明显提高，政法机关的面貌发生了实实在在的变化。[①]

总之，经过前两轮司法体制改革，进一步完善了中国特色的社会主义司法制度，特别是进一步坚持并坚定了检察机关的宪法地位，强化了检察机关的法律监督职能，推进了法治中国的建设历程。

二、深化检察改革的主要任务

（一）新一轮司法体制改革的任务与特点

1. 新一轮司法体制改革的任务

党的十八届三中全会通过的中共中央《关于全面深化改革若干重大问题的决定》（以下简称《决定》），对新一轮司法体制和社会体制改革提出了五项任务：

（1）维护宪法法律权威。宪法是保证党和国家兴旺发达、长治久安的根本法，具有最高权威。要进一步健全宪法实施监督机制和程序，把全面贯彻实施宪法提高到一个新水平。建立健全全社会忠于、遵守、维护、运用宪法法律的制度。坚持法律面前人人平等，任何组织或者个人都不得有超越宪法法律的特权，一切违反宪法法律的行为都必须予以追究。

普遍建立法律顾问制度。完善规范性文件、重大决策合法性审查机制。建立科学的法治建设指标体系和考核标准。健全法规、规章、规范性文件备案审查制度。健全社会普法教育机制，增强全民法治观念。逐步增加有地方立法权的较大的市数量。

---

① 参见中央司法体制改革领导小组办公室编：《司法在改革中前行》，中国长安出版社 2011 年版，第 2~3 页。

（2）深化行政执法体制改革。整合执法主体，相对集中执法权，推进综合执法，着力解决权责交叉、多头执法问题，建立权责统一、权威高效的行政执法体制。减少行政执法层级，加强食品药品、安全生产、环境保护、劳动保障、海域海岛等重点领域基层执法力量。理顺城管执法体制，提高执法和服务水平。

完善行政执法程序，规范执法自由裁量权，加强对行政执法的监督，全面落实行政执法责任制和执法经费由财政保障制度，做到严格规范公正文明执法。完善行政执法与刑事司法衔接机制。

（3）确保依法独立公正行使审判权、检察权。改革司法管理体制，推动省以下地方法院、检察院人财物统一管理，探索建立与行政区划适当分离的司法管辖制度，保证国家法律统一正确实施。

建立符合职业特点的司法人员管理制度，健全法官、检察官、人民警察统一招录、有序交流、逐级遴选机制，完善司法人员分类管理制度，健全法官、检察官、人民警察职业保障制度。

（4）健全司法权力运行机制。优化司法职权配置，健全司法权力分工负责、互相配合、互相制约机制，加强和规范对司法活动的法律监督和社会监督。

改革审判委员会制度，完善主审法官、合议庭办案责任制，让审理者裁判、由裁判者负责。明确各级法院职能定位，规范上下级法院审级监督关系。

推进审判公开、检务公开，录制并保留全程庭审资料。增强法律文书说理性，推动公开法院生效裁判文书。严格规范减刑、假释、保外就医程序，强化监督制度。广泛实行人民陪审员、人民监督员制度，拓宽人民群众有序参与司法渠道。

（5）完善人权司法保障制度。国家尊重和保障人权。进一步规范查封、扣押、冻结、处理涉案财物的司法程序。健全错案防止、纠正、责任追究机制，严禁刑讯逼供、体罚虐待，严格实行非法证据排除规则。逐步减少适用死刑罪名。

废止劳动教养制度，完善对违法犯罪行为的惩治和矫正法律，健全社区矫正制度。

健全国家司法救助制度，完善法律援助制度。完善律师执业权利保障机制和违法违规执业惩戒制度，加强职业道德建设，发挥律师在依法维护公民和法人合法权益方面的重要作用。

2. 新一轮司法体制改革的特点

为贯彻落实《决定》的改革部署，2014年2月28日，中央全面深化改革领导小组第二次会议审议通过了《关于深化司法体制和社会体制改革的意见及贯彻实施分工方案》（以下简称《分工方案》）。对深化司法体制改革作了全面部署，明确了深化司法体制改革的目标、原则，制定了各项改革任务的路线图和时间表。

2014年6月6日，中央全面深化改革领导小组召开第三次会议，会议审议通过了《关于司法体制改革试点若干问题的框架意见》、《上海市司法改革试点工作方案》和《关于设立知识产权法院的方案》，对若干重点难点问题确定了政策导向。

《决定》对新一轮司法体制改革的总体设计和任务部署，以及中央全面深化改革领导小组审议通过的《分工方案》等一系列司法体制改革的文件，表明本轮司法体制改革具有以下特点：

（1）思想明确、坚持原则。为推进法治中国建设，《决定》明确了新一轮司法体制改革的指导思想是：建设法治中国，必须坚持依法治国、依法执政、依法行政共同推进，坚持法治国家、法治政府、法治社会一体建设。深化司法体制改革，加快建设公正高效权威的社会主义司法制度，维护人民权益，让人民群众在每一个司法案件中都感受到公平正义。同时，又强调司法体制改革要坚持党的领导，坚持中国特色社会主义方向，坚持遵循司法规律和从中国国情出发相结合等基本原则。按照可复制、可推广的要求，推动制度创新，着力解决影响司法公正、制约司法能力的深层次问题，完善和发展中国特色社会主义司法制度。

（2）内容丰富、任务艰巨。根据《分工方案》统计，新一轮司法体制改革的总体规划共涉及85项具体改革任务，可谓内容极其丰富，任务极其艰巨。为推进和落实各项改革任务，一是要加强调查研究。司法体制改革涉及面广，各地情况千差万别，不同层级司法机关工作要求、队伍状况也有较大差异。必须深入调查研究，摸清情况，找准问题，既要对影响司法公正、制约司法能力的突出问题找准症结，又要对推进司法改革过程出现的阻力充分估计，做到谋定而后动。二是要坚持循序渐进。既不迁就现状止步不前，又不脱离现阶段实际盲动冒进，确保改革的力度、进度和社会可承受的程度相适应。三是要坚持分类推进。试点地方的改革方向和总体思路必须与中央保持一致，但在具体措施、改革步骤上，可以因地制宜，充分发挥地方的主观能动性，研究提出试点方案和进度要求。四是要加强工作指导。中央有关部门要加强对改革试点工作的指导，帮助地方解决试点中遇到的难题，确保改革部署落到实处。对于试点中需要修改法律或得到法律授权的问题,要按程序进行,坚持依法有序推进改革。①

(3) 抓住关键、突出重点。新一轮司法体制改革的关键,是要确保依法独立公正行使审判权、检察权。为此,必须重点解决"两去"和"四化"问题。所谓"两去",就是司法要"去地方化"、"去行政化",通过推动省以下地方法院、检察院人财物统一管理,探索建立与行政区划适当分离的司法管辖制度,健全司法权力运行机制等,保证国家法律统一正确实施。所谓"四化",就是要通过司法体制改革,实现司法公开化、司法职业化、司法职权配置科学化和人权保障法治化,从而健全并完善中国特色社会主义司法制度。

(二) 新一轮司法体制改革中的检察改革

如前所述,新一轮司法体制改革内容丰富,任务艰巨,其中许多改革内容都涉及检察机关,囿于篇幅所限,在此仅阐释检察改革的三项主要任务。

1. 确保依法独立公正行使检察权

检察权的独立行使既涉及外部法治环境建设问题,也涉及检察权内部运行机制问题,这是本轮司法体制改革必须解决的两个重大问题。

影响检察权独立行使的外部法治环境,主要问题是地方保护主义对检察权行使的干扰,其突出表现是检察权行使的地方化,以及个别党政领导对个案的法外干预(如批条子、打招呼、做批示、送材料等)。

要为检察权的独立行使营造一个良好的法治环境,重点要解决检察权地方化问题。对此,《决定》提出了两项重要的改革举措:

(1) 改革司法管理体制,推动省以下地方法院、检察院人财物的统一管理。根据《分工方案》的规定,对于人的省级统管,主要明确了以下三项内容:一是统一编制。推动建立省以下地方法院法官、检察院检察官及其他政法专项编制人员编制统一管理制度。二是统一管理。推动省以下法院法官、检察院检察官统一由省提名、管理并按法定程序任免的机制(包括统一提名、统一管理、依法任免)。三是统一纳入。全面落实部门、企业管理公检法体制的改革要求,将部门、企业管理的政法机关统一纳入国家司法管理体系。对于财物(经费)的省级统管,明确由省级政府财政部门统一管理。与此同时,规定地方各级法院收取的诉讼费、罚金、没收的财产,以及地方法院、检察院追缴的赃款赃物等,要统一上缴省级国库。

(2) 探索建立与行政区划适当分离的司法管辖制度,保证国家法律的统

---

① 参见《坚持顶层设计与实践探索相结合,积极稳妥推进司法体制改革试点工作——访中央司法体制改革领导小组办公室负责人》,载新华网 2014 年 6 月 15 日。

一正确实施。目前，我国除直辖市的分院及专门检察院外，检察机关的地域管辖范围均与行政区划完全对应，导致检察权行使呈现地方化趋势。因人口、交通、地理位置、案件数量等差异，又使司法资源的配置很不合理，增加了国家财政负担。为改变此种状况，《决定》和《分工方案》提出了以下四项具体的改革举措：一是探索设立跨行政区划的法院和检察院；二是根据知识产权案件的特点和司法需求，在知识产权案件比较集中的省（市）探索建立知识产权法院，实行知识产权案件审理的"三案一体制"；三是探索通过提级管辖、指定管辖，审理行政案件、跨行政区划的民商事案件、环境保护案件等（河南省人民法院已全面实行行政案件的异地管辖）；四是在重大疑难复杂案件较多的地方，探索建立上级法院派出巡回法庭的机制。

要确保司法权的独立行使，还要进一步改进党对司法工作的领导；理顺权力机关监督与司法权独立行使的关系；规范媒体舆论监督的方式、范围；建立对个案批示入卷备查制度，以及对案件协调的责任追究制度等。

2. 健全完善检察权运行机制

健全完善检察权运行机制，就是要解决检察权独立行使的内部机制问题。检察权内部行使的主要问题：一是高度行政化，未能充分体现司法规律；二是权责不明，在案件审理和办理中检察官缺少独立性，层层审批、权责不明，错案责任追究难以落实等。

为解决上述问题，《决定》和《分工方案》提出了下列改革举措：

（1）探索建立健全检察机关的办案组织，实行主任检察官制度。2014年1月8日，最高人民检察院出台了《检察官办案责任制改革试点方案》，决定在北京、河北、上海、湖北、广东、重庆、四川等7个省17个市县检察院进行检察官办案责任制改革试点。改革试点的内容包括配备主任检察官、建立办案组织、确定主任检察官职责权限、完善监督制约机制、落实主任检察官待遇等五个方面，实现检察官责权利的统一。试点必须解决下列问题：一是明确主任检察官与现行内设机构的关系。要通过实行主任检察官制，科学合理地整合内设机构，优化办案组织。二是要理顺主任检察官制与案件审批制度的关系。要减少办案审批层次，实行扁平化管理。三是要解决主任检察官制与现行干部管理制度的关系，要使检察官成为有别于公务员的单独职务序列。四是要同步优化整合内设机构，人数不多的基层院，可以按照突出业务部门、精简综合部门的原则，把内设机构整合为6~8个部门，也可以直接取消内设机构设置，设立相应的主任检察官办案组或办公室，由副检察长直接指挥。科学合理地精简并整合检察机关的内设机构。

（2）着力推进检务公开。深化检务公开改革，是新一轮司法体制改革部署的一项重要的改革举措。尽管近年来最高人民检察院已在一些省市的检察机关布置开展了检务公开的改革试点，但公开的广度、深度仍不够，公开的内容单薄、形式单一。新一轮司法体制改革要求检务公开必须做到：第一，要建立不立案、不逮捕、不起诉、不予提起抗诉决定书等检察机关终结性法律文书的公开制度，增强法律文书的说理性；第二，要实现当事人通过网络实时查询办案流程信息和程序性信息；第三，要健全公开审查、公开答复制度。对于在案件事实、法律适用方面存在较大争议或在当地有较大社会影响的拟作不起诉、不服检察机关处理决定的申诉案件，主动或依申请公开复查、公开答复。

（3）要健全错案防止、纠正、责任追究机制，做到有权必有责、用权受监督、失职要问责、违法要追究。要统一错案责任认定标准，明确纠错主体和启动程序，建立办案质量终身责任制，完善错案责任追究机制。与此同时，也要制定检察官的责任豁免制度，明确检察人员依法履行职责不受追究。检察人员只有在办理案件时违反检察工作纪律或者徇私枉法的，方能依照有关检察工作纪律和法律的规定追究相应责任。

（4）要改革检察委员会制度。鉴于检察官队伍整体业务素质已有较大提升，加之主任检察官制度的实行，检察委员会制度的改革应当学习人民法院审判委员会制度改革的做法，明确规定检委会只研究重大疑难案件的法律适用问题，案件事实应由检察官负责；检委会也要实行专业化改革，要净化检委会人员构成；要规范检察委员会的运作机制、议决程序，明确责任的承担与豁免。

（5）要广泛实行人民监督员制度，改革人民监督员的选任方式，完善人民监督员监督程序，推动人民监督员制度法制化。

3. 完善检察人员管理制度

目前，检察队伍建设存在的主要问题：一是职业化、专业化程度不高；二是职级低、待遇差、发展空间有限；三是职业保障制度不健全，未能体现职业特点和职业风险。

新一轮司法体制改革，明确提出要健全并完善检察官选任招录制度、任免惩戒制度、人员分类管理制度、职业保障制度等。

（1）要健全检察官统一招录、有序交流、逐级遴选机制，建立预备检察官训练制度，健全预备检察官优先到基层任职机制，完善选拔律师、法学学者等专业法律人才担任检察官的制度机制，建立军事检察官转任地方检察官的衔接制度，完善检察官选任、惩戒制度，建立吸收社会有关人员参与的检察官遴选委员会、惩戒委员会。

（2）完善检察人员的分类管理制度，建立有别于普通公务员的检察官专业职务序列。建立检察官员额制度，制定检察官职数与检察辅助人员职数的比例等配套措施。健全书记员、专业技术人员等检察辅助人员的管理制度。

按照中央改革文件的规定,检察机关的工作人员应分为三类:第一类是检察官,包括正副检察长、检察委员会委员、检察员;第二类是检察辅助人员,包括检察官助理、书记员、司法警察、检察技术人员等;第三类是检察行政人员,包括政工党务、行政事务、后勤管理等工作。分类后,检察官要实行不同于公务员的职务序列和管理制度;检察辅助人员中司法警察参照实行单独的警察职务序列,专技人员执行专业技术类公务员职务序列;检察行政人员按照综合类公务员的有关规定执行。

从目前一些试点单位的做法看,改革的趋势:一是实施检察官单独职务序列,实行检察官待遇与检察官等级挂钩,检察官待遇与行政级别脱钩,检察官以等级定待遇;二是实行独立的检察官薪酬体系,加强检察官工资福利待遇保障;三是建立检察官等级晋升制度,打通检察官职业通道;四是改革政策适度向基层院倾斜。

此外,检察官实行员额制也是改革的重要内容之一。要提高检察官的职业保障水平,就必须解决队伍大、门槛低的问题,改革后的检察官队伍数量应当是少而精。目前,上海的试点方案设定了三类人员分别占队伍总数 33%、52%、15% 的员额控制目标。对此,仍有不同意见,尚需视试点进展的情况而定,但总体上看检察官少而精应为原则。

(3)健全法官、检察官的工资、待遇等职业保障制度。检察官的职业特点和职业风险,决定了必须为检察官公正履职提供必要的职业保障。这些职业保障制度包括:①具有职业特点的职级制度、工资制度;②津贴制度,包括检察津贴、地区津贴、其他津贴;③保险和福利待遇;④退休制度,包括养老保险金和其他待遇。

总之,新一轮司法体制改革任重而道远,改革不可能一蹴而就,改革仍是进行时,改革需要不断深化和坚持不懈的努力,法治中国建设在改革中前行,中国特色的社会主义检察制度将在改革中日趋完善。

专题八　检察官法律思维及其养成

一、什么是法律思维

（一）思维与法律思维的内涵

思维是从社会实践中产生的，人类特有的一种精神活动；是指人们在表象、概念的基础上进行分析、综合、判断、推理等认识活动的过程。思维以脑为其器官，以语言、文字、符号、机械性工具为其工具，是一个抽象反映事物本质和规律性的复杂的生理和心理活动。思维影响着人对事物本质和规律性的认识，进而影响人的实践活动的展开。不同的思维方式会导致完全不同的实践结果。道德思维以善恶评价为其重心；经济思维侧重于经济效率、投入产出的比较；政治思维主要表现为政治利益的权衡。法律人以追求法治下公正、正义和平等为自己的理想和使命，这就要求法律人将法治精神、法治原则贯彻到法律思维之中。检察官作为法律人，其思维应为法律思维。

所谓法律思维是指法律人在法治理念的基础上，运用法律规范、法律原则、法律精神和法律逻辑对所遇到或所要处理的问题进行分析、综合、判断、推理和形成结论、决定的思想认识活动与过程。法律思维是从法律职业共同体的角度，研究执业者如何具体开展思维，侧重的是法律方法论对职业思维的影响。它要求法律职业者像西方法谚所说的那样："像法律人（律师）一样思考。"（Think like a lawyer.）国内也有学者指出："所谓法律思维可以这样理解，用法律的思维来观察问题、分析问题、解决问题。"[①] 那么，法律人是如何思考的？法律的思维又是怎样的思维？我们需要借助对法律思维特征的描述予以厘清，进而深化对法律思维的理解和认识。

（二）法律思维的特点

思维是职业技能中的决定性因素；法律思维是法律职业者区别于其他职业者的特殊性之所在。对法律思维的特点，我国学者见仁见智，有不同的总结和归纳。孙笑侠教授将法律思维特征归纳为以下五个方面：第一，运用术语进行观察、思考和判断；第二，通过程序进行思考，遵循向过去看的习惯，表现得

[①] 郑成良：《法律思维是一种职业的思考方式》，载《法律方法与法律思维》（第 1 辑），中国政法大学出版社 2002 年版，第 36 页。

较为稳妥,甚至保守;第三,注重缜密的逻辑,谨慎地对待情感因素;第四,只追求程序中的"真",不同于科学中的求"真";第五,判断结论总是非此即彼,不同于政治思维的"权衡"特点。① 郑成良教授认为:法律思维方式具有诸多特殊之处,相较于一般思维,其中至少有以下六个方面属于至为重要的区别:(1)以权利义务分析为线索。一切法律问题,说到底都是权利与义务问题,法律思维的实质就是从权利与义务这个特定的角度来观察问题、分析问题和解决问题。(2)普遍性优于特殊性。对普遍性的考虑是第一位的,对特殊性的考虑是第二位的,原则上,不允许以待决问题的特殊性来排斥既定规则的普遍性。(3)合法性优于客观性。法律思维推导出的法律结论建立于合法性的基础上。(4)形式合理性优于实质合理性。法律是一个形式化的公共理性、高度抽象化的公共理性,法律依其形式合理性运作。(5)程序问题优于实体问题。法律对利益和行为的调整是在程序中实现的,如果违反法定强制性程序,即使符合实体法的规定,也不能引起预期的法律效果。(6)理由优于结论。法律思维的任务不仅是获得处理法律问题的结论,而且,更重要的是提供一个能够支持所获结论的理由。② 陈金钊教授将法律思维的特点概括为以下五个方面:(1)规范性思维方式。它强调只有按照法律规范所要求的行为方式去行为,才能得到法律的充分保护。(2)站在人性"恶"的立场上思考一切问题的思维方式。其实质就是用法律规则克服人性恶的弱点。(3)求实的思维方式。即用法律规则所陈述的模型事实去衡量得出的具有法律意义的事实。(4)利益性思维方式。(5)确定性的单一思维方式。它体现的是以法律规则为前提的形式逻辑的推理方式。③

(三) 检察官思维的基本模式

尽管学者对法律思维做出了不同的概括与归纳,但究其实质,法律思维的基本模式就是一个适用法律的过程;也就是根据法律规定的一般规则,结合具体案件的特殊事实,得出结论的演绎推理的过程。演绎思维主要是运用形式逻辑中的三段论进行逻辑推理,即从大前提——一个概括性陈述,以及小前提——一个特殊性陈述,推导出结论,得出法律适用最终结果的过程。亚里士多德曾举过一个三段论的例证:所有生物终有一死,人是生物,所以,人也终有一死。对此,博登海默评论道:"从形式上讲,所得出的结论乃是从上述前

---

① 孙笑侠:《法律家的技能与伦理》,载《法学研究》2001年第4期。
② 郑成良:《论法治理念与法律思维》,载《吉林大学社会科学学报》2000年第4期。
③ 陈金钊:《法治与法律方法》,山东人民出版社2003年版,第103~104页。

提中推断出来的无懈可击的逻辑结论。"① 检察官对三段论的运用集中体现于起诉书等法律文书的结尾部分。以起诉书为例,检察官在"经依法审查查明"相应的犯罪事实后,以三段论推理的方式得出结论:"本院认为,被告人某某某其行为已触犯刑法第×条之规定,犯罪事实清楚,证据确实充分,应当以××罪追究其刑事责任。"

尽管演绎思维是法律思维的基本模式,形式逻辑是法律思维的主要工具,但三段论的运用是有两个前提条件的:其一是大前提存在,且表述清楚,对其理解没有异议;其二是案件的事实清楚,对证据没有疑问。但从大前提和小前提出发的"普通的"演绎,完全没表明获得那些前提条件本身的困难和难以捉摸。② 当法律规范具有精确性和稳定性时,形式逻辑必然居于法律思维的主导地位。而现实中法律往往并非如此。有人曾说:"法律与其说是某种逻辑原则的表达,不如说是意志的表现,因此,在法律的个别化的过程中,审判务必澄清法律规则的目的。"③ 司法实践中,一方面,案件的事实本身是一个待证的问题,也就是说,小前提首先必须得到证明。而这种判断则是演绎思维、推理范围之外的事。另一方面,虽然大前提"就在那里"——甚至有些时候也会出现没有法律依据的情况,但我们需要一个"找"法的过程。英国法哲学家麦考密克说过:"如果前提为真那么结论必为真,这是一个有效的论证所需要的。但是,逻辑本身不能保证前提的真实性。前提是否真实乃是(或至少可能是)一个经验问题。"④ 博登海默认为在三类情形下,法律人必须运用辩证推理解决争议。这三类情形是:(1)法律未曾规定简洁的判决原则的新情形;(2)一个问题的解决可以适用两个或两个以上互相抵触的前提但却必须在它们之间作出真正选择的情形;(3)尽管存在可以调整所受理的案件的规则或先例,但是法院在行使其所被授予的权力时考虑到该规则或先例在此争议事实背景下尚缺乏充足根据而拒绝适用它的情形。⑤

---

① [美]博登海默:《法理学:法律哲学与法律方法》,邓正来译,中国政法大学出版社 1999 年版,第 491 页。

② [德]卡尔·恩吉施:《法律思维导论》,郑永流译,法律出版社 2004 年版,第 243 页。

③ 转引自[墨西哥]路易斯·雷卡森斯-西切斯:《法律思维的性质》,姚远、王蕾译,载《法律方法》(第 15 卷),第 4 页。

④ [英]尼尔·麦考密克:《法律推理与法律理论》,姜峰译,法律出版社 2005 年版,第 23 页。

⑤ [美]博登海默:《法理学:法律哲学与法律方法》,邓正来译,中国政法大学出版社 1999 年版,第 498 页。

因此，仅仅一个演绎思维难以承受法律思维之"重"。检察官思维应是一个综合性思维的过程。

二、检察官思维是经验思维

（一）什么是经验思维

经验思维是人类思维活动最早的形式，也是人类思维活动的历史基础和逻辑前提，是人类思维中最基础、最一般的思维形式。在现实中，至今仍被大量地运用着。经验思维是以经验而非理性为依据决断问题的思维形式，它侧重于对事物的整体、外部联系和现象的认识。如从神农氏遍尝百草到李时珍编著《本草纲目》，关于对外界（百草）的认识完全凭借经验。

中国人尤其偏好经验思维。黑格尔说：孔子只是一个实际的世间智者，在他那里思辨的哲学是一点也没有的——只有一些善良的、老练的、道德的教训，从里面我们不能获得什么特殊的东西。有人对此评价："虽然话有失偏颇，但却点出了中国古代思想家的显著特点：重经验、重伦理。"[1] 英国汉学家罗伯特·道格拉斯爵士通过对中国传统文化的研究，也得出类似结论。他曾讲过：中国人自然而然地反抗那种超出了自己的经验范围而去研究事物的想法。正如孔子所阐明的那样，怀有对将来的朦胧观念和一种朴素的、实事求是的道德体系，对中国人的所有需要来说就已经足够了。诚然"子不语怪、力、乱、神"。孔子对自然问题没有本质上的兴趣。"未能事人，焉能事鬼"、"未知生，焉知死"，可以说即是这方面的例证。孔子的研究重点或兴趣点在古籍文献、道德实践等。"子以四教：文、行、忠、信。""述而不作，信而好古，窃比于我老彭。"这都反映出中国思维的经验性。中国经验思维的特点可以概括为以下几个方面：（1）以客观观察为主导，辅以内省；（2）以经验综合为主导，辅以分析统一；（3）经世致用为主导；（4）以天人合一的自然思维为主导；（5）以阴阳五行哲学思维为主导；（6）以历史崇拜、圣贤崇拜为主导。[2]

（二）经验思维与法律职业

经验思维对法律职业则更是有着一种特殊的意义。法律是一门应用科学，所运用的知识多属于"程序性知识"——怎么做，而不是"陈述性知识"——是什么。对于程序性知识只能在"做中学"。经验对司法实践弥足珍

---

[1] 孙长虹：《我国传统经验思维方式及其影响》，载《江西社会科学》2014 年第 4 期。

[2] 苏富忠：《论经验思维——自然语言基本思维方式系列研究之一》，载《哈尔滨学院学报》2002 年第 1 期。

贵。美国大法官霍姆斯曾有言："法律的生命不是逻辑,而是经验。"英国法官柯克勋爵也讲过:法官判案"不是根据自然理性,而是根据有关法的技术理性和判断。对法的这种认识有赖于在长年的研究和经验中才得以获得的技术"。法律思维"这种由法律工作者本身在严格的纪律中获得的法律意念,对于门外汉来说总是新鲜而不可理解"。而且,法律思维的经验思维特性,也得到了相应法律规定的支持。按照证据法理论,有两类事实不需要当事人举证,而应由法官直接认定。其中一类不需要举证的事实,是可以从"日常生活经验推定的事实",亦即"显而易见的事实"。根据最高人民法院《关于行政诉讼证据若干问题的规定》和《关于民事诉讼证据的若干规定》,"根据日常生活经验法则推定的事实",不需要当事人举证,而应由法官根据社会生活经验直接认定。这就是经验法则。

(三) 检察官经验思维的特点

检察官的经验思维不同于人们日常的经验思维。这种区别可以归纳为以下几点:[①]

1. 法律思维包含一套完整的概念体系。概念等是思维的工具,因此,法律思维也离不开概念,并且要有一套完整的概念体系,如非法证据、非法证据的排除、证据、证明力、证明责任、证明标准、自然人、法人等。检察官运用经验思维时,须注意将日常用语转换为法律术语,以法律语言或概念作为思维的逻辑工具。如在强奸案中,男方对女方施以拳脚,法律语言为"以暴力相威胁";女方不同意与男方发生性关系,以法律语言表述为"违背妇女意志"。

2. 法律思维有一套独立的价值理念体系。如刑法中的罪刑法定原则,要求"法无明文规定不为罪"。2012年10月24日"温岭虐童案"发生后,舆论也一片哗然,要求追究虐童教师的呼声甚高。公安机关于25日立案,并对其采取了强制措施;于29日以涉嫌寻衅滋事罪提请检察机关批捕。检察机关秉持专业精神、职业素养,以法律思维处理此案,要求公安机关补充侦查。最后公安机关撤销刑事立案。无罪推定原则也是法律思维中的重要价值理念。刑事诉讼中的无罪推定原则,强调在被法院判定有罪之前,任何人都是无罪的。这种观念体现于"犯罪嫌疑人"、"被告人"与"罪犯"称谓的区别之中。

[①] 这部分内容主要参考了陈瑞华、程朝阳、郑成良、陈金钊等教授的观点。详见陈瑞华:《法律人的思维方式》,法律出版社2007年版;郑成良:《论法治理念与法律思维》,载《吉林大学社会科学学报》2000年第4期;陈金钊:《法治与法律方法》,山东人民出版社2003年版;程朝阳:《论法律思维及其养成》,载《中国法律教育研究》2008年第2期。

3. 法律思维还包括一套独特的责任分配体系。不同的案件有着不同的证明标准：刑事的证明标准是排除一切合理怀疑，民事以优势证明标准为其主要证明标准。在侵权理论中，存在不同的归责原则：违法归责、过错归责、无过错归责等。赔偿标准则有补偿性赔偿、惩罚性赔偿、抚慰性赔偿之分别。如国家赔偿法所规定的精神赔偿，即属于抚慰性的。国家赔偿法第35条规定："……造成严重后果的，应当支付相应的精神损害抚慰金。"

4. 法律思维以法律规范为依归。日常经验思维的特点在于，依据日常生活中习惯的、伦理的、道德的方式进行思维；法律思维的特点在于，严格地以法律规范为基础。实定法既是法律思维的起点，也是法律思维的终点，是法律人开展工作的平台。① 检察官拿到案卷材料后，目光要在案件事实和法律规范之间往返流转，一方面从法律规范及其构成要件去认定事实，另一方面从全部事实包括具体情节去对照法律规范，确定案件事实与法律规范之间是否存在"涵摄"关系。

5. 法律思维需要以逻辑推理为基础并考虑类似问题的处理。法律思维遵循"理由优先于结论"的原则，要求结论必须有理由支撑。因此，法律思维需要引用证据或理由以支持或否定一个命题、观点或结论；而一般生活中的经验思维只诉诸于简单的经验判断。另外，法律思维还要考虑类似问题的处理。类似问题的处理是以对个案进行相同价值判断为基础的，遵循法律适用平等的原则，要求同等情况同等对待，不同等情况不同等对待。法律思维强调普遍性优于特殊性，用同一标准约束每一个人。日常的经验思维则更讲究具体问题具体分析，以最大限度地满足个性化需要和诉求。

但经验思维也有它的局限性。有人概括为以下几点：② 第一，经验思维成果往往笼统、模糊，不能一针见血地触及所涉及对象的实质。第二，经验思维不能准确概括同类对象的共性，也不能准确地把握异类对象间的差异性。第三，经验推理是相关推理，经验论证是旁征博引式论证，都有特定的局限性。第四，运用经验思维形成的经验科学与经验哲学，都离不开经验的直接陈述，而不能形成结构严谨的科学理论。也有人将经验思维的不足归纳为：③ 经验思维的狭隘性、保守性、封闭性。总之，经验之间存在一定的相关关系，但不存在从属关系。因而，经验思维是根据经验间的相关关系而展开的相关推理，不

---

① 程朝阳：《论法律思维及其养成》，载《中国法律教育研究》2008年第2期。

② 苏富忠：《论经验思维——自然语言基本思维方式系列研究之一》，载《哈尔滨学院学报》2002年第1期。

③ 张东江：《论经验思维的局限性》，载《河北学刊》1996年第6期。

能形成必然推理。经验思维充满个体体验,个性化过强,也必然导致制度可能的弱化或缺失。

三、检察官思维是对话思维

(一) 什么是对话思维

相对于独白思维,对话思维是他我互动,对话思维认为:思维不能独行而自足,必须同他人对话而接近真理,不强求把思考的客体完成并论定。而独白思维是我自贯通,认为:思维独行而自足,不须同他人对话便可把握真理,能把思考的客体完成并论定。两者"关键确乎在于有无他人意识、他人声音、他人话语的介入"。[①] 对话是社会生活的一种最基本的形式。人是具体的个人,在世上都是唯一。可是,"我"周围是他人的世界,"我"不能离开他人而存在。"我"的一切行为、思想、话语,无不与他人的行为、思想、话语交锋才得以真正实现。

不仅话语的交流是对话,任何行为都被置于对话的情境中。现场的讨论和对答是对话,内心的思考和独白也是对话性的,当然还有在"长时段"和"大型对话"中跨越时空的对话和思想交锋。[②]

(二) 对话思维的意义

法律是人民意志的体现,是社会共同体的共识。法律不只是一种命令,为避免法律的专制,法律应是一场社会各界积极参与的理性对话。张千帆将这种对话界定为:"它是一种'对话'乃是指法律是在各种不同观点及利益之间的交锋与辩论中不断获得产生、变更与发展;它是一种'理性'对话乃是指这种对话在本质上是一种心平气和的说理过程,而不是通过暴力、压制、谩骂或以其他方式相互攻击来完成的。"[③] 通过对话(法官、检察官、律师、社会之间),代表不同利益和观点的社会群体(无论多数还是少数,也无论强势或是弱势)共同探索并决定法律的意义。

法律是实现一个更高的目的的手段。如刑法是为了社会安宁与秩序,满足人们的安全需要,可以归为公共利益。要判断一项法律是不是"好"的,法律本身不可能提供任何标准,判断法律的标准必然存在于法律之外。不断的对

[①] 白春仁:《巴赫金——求索对话思维》,载《文学评论》1998年第5期。
[②] 邱戈:《从对话伦理想象传播的德性》,载《浙江大学学报(人文社会科学版)》2010年第4期。
[③] 张千帆:《法律是一种理性对话——兼论司法判例制度的合理性》,载《北大法律评论》(第5卷第1辑),法律出版社2003年版,第70~71页。

话中，人们不仅钻研并争论着枯涩的法律条文的解释，而且探索并考察法律本身的目标与社会价值，以及达到这一目标的最佳手段。如有人所言："法律的正确适用是一个主体间的过程。当我遵循一种我不能向任何人解释的标准，我就没有标准从错误的正确适用中把真正正确的适用区分开来。……因此，我们的对话就是一个使得我们互相注意我们的'默会标准'的机会，并且通过要求为之提供理由而挑战它们。这就是商谈理论的根本观念。"[①]

而且不同于传统的体系思维以哲学上的事实与规范的二分构设了一种封闭的体系，法律论证理论则要尽力打破这一封闭模式，从而在"开放的体系中论证"。[②] 法律的开放结构源于下列原因：（1）法律语言的模糊性；（2）规范矛盾的可能性；（3）欠缺判决所需的规范；（4）在特殊情况下必须违反规范文义而判决的可能性。因此，考夫曼认为："法的概念不应通过概念性的是—否思维，而应通过类型学的多—少思维来理解。"[③] 在这个开放的体系中，对话、论证、辩论就有了"用武之地"。

（三）检察官对话思维的展开

在一个法治社会里，对于法律"是"或"应当是"什么的问题，法院之间、法院与检察官之间、法院与社会之间必须存在不同意见，因此，需要一场以发现立法者的真实意图为目标而进行的公开对话。这样的对话思维应该是：（1）平等的。对话思维的平等区别于命令的不平等，后者必然导致交流过程中一方压倒并支配另一方。（2）自由的。对话思维要求对话各方能够畅所欲言，毫无顾忌地表达自己的观点并以合法手段争取自己的利益。没有自由，对话各方难以各抒己见。（3）公开的。法律潜在地涉及社会中所有人的公共利益，只有保证公开才能自由平等。

对话思维相较于法官，对于检察官有着特别重要的意义。因司法制度的设计，法官通过法庭这一特定场域有了对话思维的机会，而在检察环节缺少这样的场域和机会。检察官需要从以下三个方面创造对话机会，实现对话思维：

其一，与自己对话。即不断地设问，给自己提出问题："事实是这样的吗？""证据确凿吗？""证据充分吗？""是否存在非法证据？""应如何适用法

---

① ［德］约亨·邦格：《法学方法论的新路径》，牧文译，载《清华法学》（第9辑），清华大学出版社2006年版，第48页。

② 焦宝乾：《法律论证的思维特征》，载《法律方法》（第八卷），第88页。

③ ［德］阿图尔·考夫曼、温弗里德·哈斯默尔主编：《当代法哲学和法律理论导论》，郑永流译，法律出版社2002年版，第197页、第303页。

律规范?"……其实这里也包含着批判性思维。关于批判性思维,下文将做讨论,此处从略。

其二,与同事对话。每个人的经验都是独一无二、不可替代的,通过与同事的对话交流,可以更好地、更准确地把握事实,对法律规范有更深刻、更全面的理解。它是检察官对话思维的一个重要方面。但基于同事间的"同质性",有时难以形成真正意义上的交锋或论辩,其意义或许可能被削弱。

其三,与律师对话。这对检察官的对话思维是非常重要的一环。《人民检察院刑事诉讼规则(试行)》第54条规定:"在人民检察院侦查、审查逮捕、审查起诉过程中,辩护人提出要求听取其意见的,案件管理部门应当及时联系侦查部门、侦查监督部门或者公诉部门对听取意见作出安排。辩护人提出书面意见的,案件管理部门应当及时移送侦查部门、侦查监督部门或者公诉部门。"这项规定,在一定意义上,即为检察官创造了与律师对话的一个机会、一个场域。曹建明检察长在2013年7月16日与律师界全国人大代表、全国政协委员座谈时的讲话中,特别强调要"充分认识律师在诉讼活动中的重要作用"[①],他说:"作为司法活动的重要参与者,律师通过履行辩护、代理职责,使受到侵害的权利得到保护和救济,违法犯罪活动得到制裁和惩罚,犯罪嫌疑人的合法权益得到保障,在整个司法程序中具有不可或缺的重要地位。""在刑事诉讼中,律师根据事实和法律,提出犯罪嫌疑人、被告人无罪、罪轻或者减轻、免除刑事责任的材料和意见,为当事人提供法律服务,维护其诉讼权利和其他合法权益,既有利于司法机关全面准确查明犯罪事实,正确运用法律,惩罚犯罪分子,也有利于保障无罪的人不受刑事追究,防止冤假错案,保护公民的人身权利、财产权利、民主权利和其他权利。"

另外,根据刑事诉讼法及《人民检察院刑事诉讼规则(试行)》的有关规定,检察官在不同的办案环节或不同的诉讼阶段,要接触相应的当事人。如根据《人民检察院刑事诉讼规则(试行)》的规定,检察官在初查环节,可以对初查对象采取询问的措施(第173条);在侦查阶段,要讯问犯罪嫌疑人,还"应当及时询问证人"(第203条)和被害人(第208条);在审查逮捕阶段,"依法讯问犯罪嫌疑人、询问证人等诉讼参与人"(第304条);在审查起诉阶段,"应当讯问犯罪嫌疑人,听取辩护人、被害人及其诉讼代理人的意见"(第364条)。检察官通过讯问、询问等对话形式进行对话思维,进而确定犯

[①] 曹建明:《构建检察官与律师良性互动关系,共同推进中国特色社会主义法治建设》,载《检察日报》2013年12月22日。

罪线索材料是否符合立案条件，以及查明犯罪事实，批准或者决定是否逮捕犯罪嫌疑人，决定是否起诉犯罪嫌疑人。

通过对话，检察官从独白到共识——既是法律共同体的共识更是全社会的共识，可以做到案结事了人和。

四、检察官思维是批判性思维

（一）什么是批判性思维

西文中的"批判"一词源于希腊文"Critie"，意为提问，理解某物的意义和有能力分析，即"辨明或判断的能力"。在中文中，"批判"有两种基本含义：其一是对错误的思想言论或行为做系统的分析，加以否定；其二是分析判别、评论好坏。① 批判性思维是一种以正确推理和有效证据为基础，审查、评价与理解事件、解决问题、作出决策的主动的和系统的认知策略。

批判性思维包含以下内容：②（1）怀疑的素质与意识。"疑"是迷惑，犹豫不定；怀疑所能带来的是在接受一种事物或认识时的不确定和再思考。是对盲从的否定。笛卡尔说过："要想追求真理，我们必须在一生中尽可能地把所有的事物都怀疑一次。"③ 中国古人也有言："学贵知疑，小疑则小进，大疑则大进，不疑则不进。"（2）问题意识。一切思索都开始于问题。而正确地提出问题，就是解决问题的一半。（3）批判的精神。质疑的过程就是一个批判的过程，批判是怀疑精神、问题意识的继续和超越。批判不是贬义词，而是一个"评论是非"的中性词。虽然批判本身并不意味着正确和真理性，但批判意味着可能是从不正确走向正确的一个契机或新的开始。（4）平等交流的精神。批判是思想交锋，批判既是自己观点的输出，也是他人观点的输入，需以平等为其前提。（5）理性分析、探索的精神。批判的过程需要将最初的疑问上升为理性的判断。如果说怀疑需要的是勇气的话，批判需要的是深厚的知识背景和智力支持。批判是有理有据地把正确和错误、合理与不合理区别开来，把真实的矛盾和问题凸显出来，并指出问题的要害和症结所在，打破社会对问题的习惯性的认识和依赖，从而引起对问题的集体性关注。（6）宽容的精神。没

---

① 《现代汉语词典》（第5版），商务印书馆2009年版，第1034页。
② 张晓芒：《批判性思维及其精神》，载《重庆工学院学报（社会科学版）》2007年第6期。有人将批判性思维技能或过程以5个方面概括，即分析、评估、推论、综合和构建、自我反省和自我校正。武宏志：《批判性思维：多视角定义及其共识》，载《延安大学学报（社会科学版）》2012年第1期。
③ 笛卡尔：《哲学原理》，商务印书馆1958年版，第1页。

有宽容就没有批判。怀疑是一种消极的自由，批判是一种积极的自由。（7）评价的精神与能力。批判的过程又是一个评价的过程，是一种对论证是否合理、有效的认知态度。（8）创新精神。评价并不是批判的最终目的，最终目的是通过缜密的思维、严谨的分析、深刻的判断、丰富的想象，以科学的态度以及广博的知识深入事物内部去寻求问题产生的原因和机理，并力图找到改进的可能性和可行的方法。

（二）批判性思维与检察工作

检察工作尤需要批判精神，需要批判性思维。

首先，科学并非全然客观的。"科学家并非仅仅把自然这本书大声朗读出来而已。更确切地说，他们是按照自己的心理类别来解释自然。"[①] 这就是科学的主观性。有箴言曰："客观现实的确存在，但我们总是透过信念与价值观的眼镜观察它们。"一旦你的大脑印入某一观念，它也就会控制了你对某一事物的解释。1787年5月召开的美国制宪会议，历时4个月，在最后的几位成员签字时，富兰克林博士望着主席座位，正好座位之后画着一轮初升的太阳。他对靠近他的几位成员说，画家在画画的时候，很难分辨日出还是日落。他说，"在开会的过程中，以及对会议成果的希望和恐惧的反复变迁中，我经常望着主席背后的画面，弄不清是日出还是日落；现在终于幸而明白它是日出而非日落"。[②] 这说明了对客观事物的主观解读。

其次，人的思维中有一种错觉思维。所谓错觉思维，在心理学上是指当我们期待发现某种重要的联系时，我们很容易将各种随机事件联系起来，从而知觉到一种错觉相关。[③] 假如我们相信事件之间存在相关，我们更可能注意并回忆出某些支持性的证据。人的感观是有选择的。我们最先看到的东西或接受到的信息，会被我们赋予过高的权重，而它会"锚定"影响随后的观察、思考、判断，进而形成先入为主的判断。因此，要在没有相关的地方看到相关很容易。如古代寓言故事"疑邻盗斧"所讲的那样：自己丢了斧头，因怀疑邻居，而视其步行、颜色、言语、动作态度，"无为而不窃斧也"。

最后，记忆具有改写或添写的特点。我们的记忆并不像录音机或摄像机那

---

① ［美］戴维·迈尔斯：《社会心理学》（第8版），侯玉波等译，人民邮电出版社2006年版，第8页。

② ［美］马克斯·法仑德：《设计宪法》，董成美译，上海三联书店2005年版，第162页。

③ ［美］戴维·迈尔斯：《社会心理学》（第8版），侯玉波等译，人民邮电出版社2006年版，第86页。

样，能够完全客观真实地反映所发生的事件。相反，我们关注与自己有关的事情，而且去探索关注的事情对自己的意义。有时人们不是根据作为记忆留下来的信息判断"那一事件有着这样的意义"，而是不知不觉中根据"那件事件应该有着这样的意义"的解释，改写或添写记忆。在澳大利亚曾经发生过这样的事件：一个心理学家在参加一个电视节目后，以有强奸的嫌疑被逮捕了。看这一电视节目的被害女性报警说该心理学家就是犯人，而且对此非常确信。但是很快就发现冤枉了心理学家。因为，发生强奸案的时候，这个心理学家还在出演同一电视节目，而被害人是在看这个节目时遭到强奸的。她混淆了心理学家和犯人。

因此，检察官应具有批判性思维，并成为这样的人：对批判性思维者来讲，没有什么事情是封闭的、固定的或者确定不移的。他们总是在问：在人们持有或采取的想法、信念和行动背后隐藏的东西到底是什么？他们总是想象另一种合理的叙事、解释或价值。他们不会在没有做彻底调查的情况下就相信普适性真理，他们的确可能对普适性观点、真理和解释总是"保持健康的怀疑态度"①。

五、检察官思维是价值思维

（一）什么是价值思维

关于价值思维，质言之，就是用实质的价值因素、社会因素等衡量、评价法律规则，并通过解释来决定法律规则的实践意义；也即在社会现实中寻找法律的一般性意义。法律与道德的关系总是若即若离、不离不弃的，它们之间的界线绝非泾渭分明，而是交叉重叠的。因此，法律思维中离不开价值判断。对此，有人曾强调指出："道德的价值，如平等、信赖、尊重人的尊严，不是其他的某一种利益：它们毋宁是私法原本具有决定性意义的秩序要素；它们不是处在待规定的事实构成一旁，而是位居其上。"因此，一切法律适用的最后基础必须"是对我们法律秩序立于其上的这些价值的沉思"。②

价值思维源于法律的非自足性。法律的"应然"基础是变动不居的。罗马人创立了法学这门科学。他们认为法学是一切科学中最具活力的，法学和所有科学一样，是一门规律科学。规律具有普遍有效性。法律规律是否具有普遍

---

① ［英］沙龙·汉森：《法律方法与法律推理》，李桂林译，武汉大学出版社 2010 年版，第 209～210 页。

② ［德］卡尔·恩吉施：《法律思维导论》，郑永流译，法律出版社 2004 年版，第 239 页。

有效性呢？人们发现法律关乎公平、正义、公正，而这确乎具有普遍有效性。而对于什么是公正，则是流变的，言人人殊。有人说："公正有自己的时代……以河为界的滑稽的正义！比利牛斯山这边是真理，而那边是谬误。"罗马法学家尤利乌斯说："太阳、月亮和星星今天看上去一如几千年以前；玫瑰今天仍像在伊甸园里那样开放；但法律从来是另一回事。婚姻、家庭、国家、财产经历了最多种多样的形态。"① 法律中所蕴藏的公平正义需要借助法律规范以外的东西——社会因素、实质公正等——来判定和实现。不仅从法律哲学角度而言如此，从法律方法角度来说也是如此。

　　法律规范的不确定性，法律术语的歧义性，使法律解释成为法律适用中的重要环节。而法律解释有不同的方法：语法解释、逻辑—体系解释、历史解释、目的解释等。而在这诸多解释方法中并未找到一个"确定的次序"，萨维尼说，"在其中人们能根据口味和喜好挑选"，并且"当解释应该成功时，必须协调发挥作用的不同活动"。② 惠廷顿也说过："对一种解释方法的选择，实际上需要外在于解释本身的证立理由。"③ 解释需要协调各种方法、需要外在于解释本身的证立理由，无论是基于主观主义立场的解释还是基于客观主义立场的解释，也无论是法律史学意义的解释还是法律教义学意义的解释，都概莫能外。然而，外在于解释本身的一个重要证立理由是一个什么样的理由呢？博登海默说："如果法院为解决这一问题而得不到任何历史上的指导、先例方面的指导或其他指导，那么它就不得不用自己的资源去填补宪法结构中的这一空白。如果发生这种情形，法院就不得不根据它关于正义与合理政策的观念进行价值判断，以确定哪一种对该条款的解释更可取。"④ 然而，将社会价值判断引入客观的实在法渊源的过程中，也存在明确的限制。只是对这种限制"无论实在法还是构成宪法结构之基础的一般价值系统，都未能给出明确的答案"。⑤ 这需要我们不停地探索。

---

　　① 转引自［德］卡尔·恩吉施：《法律思维导论》，郑永流译，法律出版社2004年版，第5~6页。
　　② ［德］卡尔·恩吉施：《法律思维导论》，郑永流译，法律出版社2004年版，第95页。
　　③ ［美］基思·F.惠廷顿：《宪法解释：文本含义，原初意图与司法审查》，杜强强等译，中国人民大学出版社2006年版，第45页。
　　④ ［美］博登海默：《法理学：法律哲学与法律方法》，邓正来译，中国政法大学出版社1999年版，第503页。
　　⑤ ［美］博登海默：《法理学：法律哲学与法律方法》，邓正来译，中国政法大学出版社1999年版，第505页。

（二）检察官价值思维的"法"度

如果纯粹以价值判断、目的解释进行思维，很可能使裁判结果失去准绳，破坏人们的行为预期及法的安定性。而且还可能以"政治思维"代替了"法律思维"。在需要我们运用价值思维的情形下，辩证思维则是"必须的"。而辩证推理是通过表达必然真理的论证方式而展开的。为此，我们需要借助论证思维，引用理由以支持或否定我们的命题、观点或结论。"一个运行正常的法律体制一般会对法律理由或判决理由给予充分的关注。"① 论证思维的要义在于，在作出决定或判断时，须给出理由，"好的正当理由"，目的在于说服他人或使人确信。因此，说明（裁判）理论自然具有决定性意义。② 与此同时，这种理由必须是"法律上的"且有其特殊之处。这就要求论证言之有理、持之有据、令人信服；同时要求掌握一套高超的证据学、法律解释学和法律修辞学的原理和技术。张文显教授将法律理由的特殊性概括为以下三个方面：③ 其一，理由必须是公开的，而不能是秘密的；其二，理由必须有法律上的依据，即不是仅仅来自道德或其他方面的考虑；其三，理由必须具有法律上的说服力。

通过经验思维、对话思维、批判性思维、价值思维，甚至还有论证思维、归纳思维④等，我们找到了事实，找了相关的法律规范。这时候，演绎思维派上了"用场"，我们需要运用演绎思维得出最终的法律结论。

六、检察官法律思维的养成

思维是可以训练和培养的，同理，检察官经过专业的学习和训练，也可以养成法律思维，并把法律思维从自发转为自觉。那么，检察官应如何进行学习和训练，养成法律思维呢？在相关培训或教育机构注重加强法律思维培训的基础上，检察官个人可以从以下几个方面着手：

（一）增强自觉学习和训练的意识

思维是一个复杂的生理和心理活动过程，法律思维养成自然也是一个长期

---

① 焦宝乾：《法律论证的思维特征》，载《法律方法》（第八卷），第87页。
② ［德］罗尔夫·施蒂尔纳：《法官的积极角色》，载［德］米夏埃尔·施蒂尔纳：《德国民事诉讼法学文萃》，赵秀举译，中国政法大学出版社2005年版，第439页。
③ 张文显主编：《马克思主义法理学——理论、方法和前沿》，高等教育出版社2003年版，第91~92页。
④ 从厚厚的、零乱的、真假杂糅的卷宗材料中，"剪裁"出案件的法律事实，然后将目光转向法律规范，确定法律事实与某一法律规范之间的关系，这一过程即归纳思维的过程。

的渐进的过程，绝非一朝一夕之功，因此，检察官（特别是预备检察官）应增强法律思维训练的自觉性、主动性。为此，要有问题意识，并不断地追问"为什么"。法律思维不管是从深层次还是浅层次上看，它总是面向实践的、面向实际问题的，是问题导向的思维，体现了知识理性和实践理性的统一。[①] 这就要求检察官在日常办案过程中，有问题意识，专注于案件中的问题及解决之道，并进一步为自己设定新的问题——为什么。法律思维是以证据、法理、逻辑为基础的论证思维。司法裁判的最终成果不仅是要解决法律问题，得出某种结论，更要呈现出支持该结论的理由。另外，要进一步夯实法律知识，熟悉法律规范。一方面，法律思维是以法律作为起点和终点的规范思维，不了解和熟悉法律规范，思维就可能偏离法律规范指向和范畴，滑向法律思维以外的思维形式。另一方面，法律规范是对个别的、具体的行为模式的抽象和概括，其本身包含着一定逻辑要素和逻辑结构。因此，对法律规范的解读过程也即法律思维的过程。

（二）夯实法学基础理论知识

法律思维，究其实质，是法律方法论对职业的影响，"是一种职业的思考方式"，其内容包括法律推理、法律解释、法律修辞等法学基础理论。前文已提到，法律解释方法不同，进而影响解释结论。苏力教授说："司法中的所谓'解释'，就其根本来看不是一个解释的问题，而是一个判断问题。""司法的根本目的并不在于搞清楚文字的含义是什么，而在于判定什么样的决定是比较好的，是社会可以接受的。"[②] 法律解释方法掌握、运用得如何直接影响裁判的最终结论，影响司法公信力。而法律修辞是法律思维的基础，更是有其特有的规则和技巧。陈金钊认为："法律修辞方法主要围绕着法律如何运用展开，有法说得明、有理说得清等讲法说理的技巧构成了法律修辞的方法，对可以接受的答案的寻求是法律修辞的基本目标。"[③] 其意义不可小觑。法律修辞——"把法律作为修辞"——具有着争夺法律话语权、增强法律的说服力、提升裁判讲法的艺术和实现司法公正之功效。[④] 如果不能很好地掌握法律解释的方法、法律修辞的技巧，检察官在法律思维——特别是论证思维——过程中，难以——甚至无法——作出全面透彻有力的说理。

---

① 程朝阳：《论法律思维及其养成》，载《中国法学教育研究》2008年第2期。
② 苏力：《解释的难题：对几种法律文本解释方法的追问》，载梁治平编：《法律解释问题》，法律出版社1998年版，第58页。
③ 陈金钊：《法治思维及其法律修辞方法》，法律出版社2013年版，第279页。
④ 陈金钊：《法治思维及其法律修辞方法》，法律出版社2013年版，第245~277页。

（三）认真地大量地研读案例材料

被誉为案例教学法"先驱者"的克里斯托弗·哥伦姆布斯·朗德尔（Christopher Columbus Langdell）曾有言："如果你阅读了大量的案例，特别是判决正确的判例，真理就出现在你的面前。"被作为科学的法律是由原则和原理构成的。每一个原理都是通过逐步的演化才达到现在的地步的。换句话说，这是一个漫长的、通过众多的案例取得的发展道路。这一发展过程经由一系列的案例而完成。因此，有效地掌握这些原理的最快和最好的——如果不是唯一的——途径就是学习那些包含着这些原理的案例，特别是那些经典案件。对案例的学习，绝不是对裁判文书的简单阅读，而是对整本宗卷材料的深入研究。裁判文书集中载明了法律思维的成果，而法律思维和法律推理的过程，却无法完整、清晰地呈现出来。只有透过卷宗材料的研究，才能最大限度地展现该案件法律思维的过程。如果再结合案件背景资料的研究，及对承办人员的访谈，就会获得法律思维、法律推理的"全息图"。从中习得如何审查和运用证据，如何认定案件事实，如何正确解释和适用法律规范，而这正是法律思维的要义之所在。

第三部分
检察官职业伦理

专题九　检察官职业伦理认知

一、法律职业伦理基本范畴

（一）伦理

据《现代汉语词典》注释，伦理"指人际关系总的各种道德准则"。[①] 伦指人与人之间的关系，理就是道德和规则。[②] 在古代，"伦"和"理"开始作为两个概念使用。"伦"的本意为辈分，后来引申为"美"、"比"的意思，亦即指人与人之间的一代一代相连接，表示人与人之间的道德关系。"理"的本意为治玉，引申为事物的条理、道理。"伦理"一词，在我国通常是作为"道德"一词的同义语来使用的。[③] 因此，很多学者认为：伦理（ethic）是指一定社会的基本人际关系规范及其相应的道德原则。

在西文中，英文 ethic 一词源于希腊语 ethos，意为风尚、习俗、德性等，汉语译作"伦理的"。"伦理"一词与"道德"一词通用，如"伦理关系"亦即"道德关系"。[④] 一般而言，道德与伦理没有原则区别，通常是在相同的含义上使用的，道德即伦理，伦理即道德。[⑤]

深入探究，伦理与道德在理论及实践层面还是存在一定区别的。正如黑格尔曾指出的，道德是个人的道德，而伦理是社会的道德；道德更多地与个体、个人、主观相联系，伦理则更多地倾向于集体、团体、社会、客观等。[⑥] 道德与伦理作用于社会主体的行为，它们调整各有侧重，功能相辅而行。首先，就伦理与道德的调整对象而言，伦理注重的是外在的行为约束，属于事实状态和应该如何的规范；而道德则着眼于对内在品质的要求，更侧重于应该如何的规范。其次，就规范属性而言，伦理是比较具体、外在的规则，注重的是整体；

[①] 杨合鸣主编：《现代汉语词典》，云南人民出版社 2008 年版，第 747 页。
[②] 《简明伦理学辞典》编辑委员会编：《简明伦理学辞典》，甘肃人民出版社 1987 年版，第 252 页。
[③] 《简明伦理学辞典》编辑委员会编：《简明伦理学辞典》，甘肃人民出版社 1987 年版，第 253 页。
[④] 朱贻庭主编：《伦理学大辞典》，上海辞书出版社 2002 年版，第 14 页。
[⑤] 李水海主编：《世界伦理道德辞典》，陕西人民出版社 1990 年版，第 1207 页。
[⑥] 参见李本森主编：《法律职业伦理》，北京大学出版社 2005 年版，第 4 页。

道德则更多包含着主观性的、不确定的内容，注重的是个体。再次，就伦理与道德的约束力而言，伦理更多的是一种他律，其通过约束、激励与惩戒性制度保障实现；而道德则更多地表现为自律，其注重的是内在的修为。道德规范往往是依靠对道德主体的作用，通过为个体接受和内化后，以德性品质由内而外地表现出来。一般而言，所有的道德规范都属于伦理规则，而伦理规则却不一定是道德规范。作为社会规范的一种，伦理具有客观性、确定性、规则性及他律性，更有助于实现对行为指引的制度化功能，从而也暗合了社会化调整的需要。

（二）职业伦理

就伦理的发展而言，职业的出现对职业伦理的形成具有重要的作用。如果说一般道德是人作为个体角色时应遵守的行为规则，而职业伦理则规定着每一个专业从业者应有的行为要求，专业是社会分工的产物，也是个人选择的结果，个人基于生涯、工资及其他考虑选择某一个专业，这个专业角色满足个人的生存期望，所以任何一种专业都是社会分工……专业伦理就是个人适当扮演其分工角色的行为指引。[①]

毋庸置疑，职业伦理是职业群体的产物，其对职业群体具有固化、优化的作用。就职业与职业伦理的关联而言，首先，职业为其专业从业者构造了行为规则，职业是职业伦理产生的基础。其次，职业伦理为职业的存在及延续提供了保障。职业伦理的存在不仅彰显着职业特质，而且也是职业形成的重要标志。同时，职业伦理更是职业得以延续与发展的基本条件：一方面，职业伦理可以规范职业行为，促进个体之间的交流并激发个体对职业群体的认同感；另一方面，职业伦理通过其引导和惩戒作用，优化职业群体的自身结构。[②]

（三）法律职业伦理

1. 法律职业

在众多的职业伦理中，法律职业伦理尤为独特，究其原因，是基于法律职业不同于其他职业的特质所决定的。法律职业是指以律师、法官、检察官为代表的，受过专门的法律专业训练，具有娴熟的法律技能与法律伦理的法律人所

---

① 东吴大学法学院主编：《法律伦理学》，新学林出版股份有限公司2009年版，第32页。
② 刘佑生、石少侠主编：《检察官职业素养》，中国检察出版社2010年版，第148页。

构成的自治性共同体。① 有学者将其法律职业特征概括为四个方面：②（1）法律职业的技能特征。法律职业者应以系统的理论知识为基础，并经系统的职业训练加以养成，同时在职业实践中要不间断地进行培训。（2）法律职业的伦理特征。法律职业伦理是法律职业内部的职业习惯、行为方式和信仰。囿于法律活动规律的制约及法律职业技能的影响，法律职业伦理区别于大众伦理和其他职业伦理。也就是说，法律职业道德除包含普通职业道德中共同的要求之外，还包括法律职业特殊的道德，它们来源于法律职业的专门逻辑，因而区别于大众的生活逻辑。③（3）法律职业的自治特征。"职业自治的权力通常建立在法律职业的特别的知识和专长是独特的，并且完全不同于其他形式的知识的观念之上，因而法律职业的特殊业务能够清楚地区别于其他职业的业务。"④法律职业者在从事法律活动时具有的自主性是基于相同的知识和专长为背景所形成的法律思维而产生的。法律思维作为一种职业思维具有以法律语言为思维语言、以"崇尚法律"为思维定式、以"恪守公正"为价值取向、以理性主义为指导的经验思维，法律思维是法律人的职业特征和法律职业共同体的联结纽带。⑤（4）法律职业的准入特征。法律职业的准入特征是对从事法律职业的素养的基本要求，同时也是法律职业高素质和高品质的保证。

2. 伦理之于法律职业

法律职业伦理或法律职业道德（professional ethics of law）是指从事法律职业的人员在其从业或工作过程中应当遵循的道德规范和伦理原则。法律职业道德一般存在于法律职业群体的共识和普通民众的观念之中，但随着法律职业的发展，法律职业道德逐渐系统化、固定化和普遍化，许多法律职业者协会已经开始尝试把这些道德规范和伦理原则用书面形式确定下来，并使之成为本行业所必须遵守的行为规范，这时的法律职业道德就不仅是一种内心约束，同时成为一种外在的制约力量，具有一定的强制性。⑥

法律职业群体是由不同的法律职业人员组成的，其核心的组成部分间的联

---

① 张文显主编：《法理学》，高等教育出版社、北京大学出版社2007年版，第258页。
② 参见张文显主编：《法理学》，高等教育出版社、北京大学出版社2007年版，第258~259页。
③ 孙笑侠：《法律家的技能与伦理》，载《法学研究》2001年第4期。
④ ［英］罗杰·科特威尔：《法律社会学导论》，潘大松等译，华夏出版社1989年版，第224页。
⑤ 石旭斋：《法律思维是法律人应有的基本品格》，载《政法论坛》2007年第4期。
⑥ 周旺生、朱苏力主编：《北京大学法学百科全书：法理学·立法学·法律社会科学》，北京大学出版社2010年版，第323页。

结纽带是法律职业者所具有的共同的或相近的法律知识、法律理念、法律信仰、法律职业伦理。法律职业群体内部固然存在分工，不同职务间或有适用个别伦理标准的差异。然而，基于法律职业的形成及职业人员的教育、培养及准入，并考量其在法治社会中担当的角色与社会寄予的期待，法律职业群体应具有共同且一致的核心伦理标准。[1] 一般而言，正是基于法律职业群体具有大致相同的教育背景、思维方式、职业信仰，因此法律职业者得以形成对法律价值和法治精神较一般公众更为趋同的认知，并在此基础上形成在职业活动中应秉持的职业伦理。

在法律职业的特征中，法律职业的伦理是作为法律职业的基础性、构建性特质而存在的。其对法律职业者的准入、技能及自治特征起着重要的、不可或缺的承载、外现及保障功能。在一定意义上，具备并秉守法律职业伦理决定、制约并影响着法律职业的准入与否、法律技能的正确运用和自治功能的实现。法律职业者将其职业伦理作为经常性的工作及日常活动的现实内容渗透并表现于自身的行为方式之中，此时，作为群体性的法律思维方式、行为模式即得到了共同的认知与展现，法律职业也就据此而形成并得以延续。

从功能的角度来看，法律职业伦理使法律职业内部维系着这一群体的统一、稳定。正如法国学者爱弥尔·涂尔干所言："职业伦理越发达，它们的作用越先进，职业群体自身的组织就越稳定、越合理。"[2] 从外部来讲，法律职业伦理则决定着这一群体的社会地位和声誉，决定着法律职业人在社会中存在的方式及其社会价值。法律职业要求对其从业人员进行培养、认定及规范的目的，在于维护法律职业群体的社会地位及其共同利益，因此，法律职业群体的存在、形成与延续和其应遵从的职业伦理互为表里。

二、检察官职业伦理的基础

虽然法律职业群体必须遵循体现核心价值的共同的职业伦理，然而，基于律师、法官和检察官在法治国家中承担的具体角色和分工的不同，以及在诉讼中承担的职能的不同，其各自应遵循的伦理规则在相似的基础上同样存在差异。法律职业伦理的共性是以目的为主导的，如果以应担负的社会所赋予的具体使命、责任来界定职业类别时，我们不难发现，法律职业伦理因固有的分工

---

[1] 参见东吴大学法学院主编：《法律伦理学》，新学林出版股份有限公司2009年版，第5页。

[2] ［法］爱弥尔·涂尔干：《职业伦理与公民道德》，渠东、付德根译，上海人民出版社2006年版，第8页。

而存在适用于不同职务间的标准差异。

检察官与律师同为法律职业者,但在诉讼中扮演着截然不同的角色。就律师而言,在现代多数国家中,律师是深入社会生活最广泛的法律职业者,与法官和检察官不同的是他并不具有国家职权性而是典型的自由职业者,律师是为社会服务的法律工作者。[①] 在诉讼中,检察官承担追诉犯罪的职责,律师则充当辩护、服务者的角色。因此,律师职业伦理主要侧重于对以下方面提出要求:(1)律师要对委托人负责,尽全力维护委托人的利益;(2)律师对于法庭的公正性与法律制度的尊严负有维护责任。律师应以事实为依据,以法律为准绳,做到严格依法执业,保持执业的独立性,即不与司法机关及其他与案件有关的人员进行不当接触,既不受司法机关的干涉,也不受当事人意思的左右。

检察官与法官同系为国家服务的法律工作者,然而,法官在各种社会制度的安排中,均承担着行使国家审判权的职责。作为一种法律职业,法官绝非代表个人,其被期待经由被动地受理案件,并经由正当的程序,作出最后的而且是具有权威的决定。法官在法治国家中仅具有审判的职责与功能,因此,法官的职业伦理应体现如下特质:(1)保持中立性。法官在司法活动中,相对于控辩双方应无任何倾向性。中立性是司法权的首要特性,也是对于法官最基本的要求。司法的权威来自于公众信任法院是解决纠纷的公正第三者。西方的正义女神 Themis 双眼为布条遮蒙,正是为强烈地显现司法不偏不倚的中立意象。[②](2)保持审判独立。审判独立不仅意味着法官从事审判,应独立于其他政府机构、行政上或有职务监督权之长官等的不当干涉,同时也必须与其他法官之意见间保持独立。[③] 法官独立已经成为国际社会公认的一项重要的司法原则。为了保证法官的独立,很多国家都对此提出了明确的要求,制定了有效的保障措施。因此,法官职业伦理同样将其作为核心内容。(3)维护司法的廉洁、正直是法官职业伦理的重要核心价值,也是法官的责任。法官被期待具有高尚的品格与廉洁的操守。法律社会学者 Ehrlich 曾说:"长远观察的结果,除了法官的人格以外,正义没有任何保障。"[④]

[①] 张文显、卢学英:《法律职业共同体引论》,载《法制与社会发展》2002年第6期。

[②] 东吴大学法学院主编:《法律伦理学》,新学林出版股份有限公司2009年版,第403页。

[③] 参见东吴大学法学院主编:《法律伦理学》,新学林出版股份有限公司2009年版,第404页。

[④] 转引自〔日〕横川敏雄:《公正的审判》,谢瑞智译,台北,自版,1993年版,第11页。

检察官是法律职业群体的重要组成部分,然而,从历史上看,检察官职业是随着人们对司法规律的认识,根据法律职业分工的要求而形成的法律职业。世界各国检察官在法律中的角色地位因其司法制度的不同而有所区别。① 检察官职业与法官、律师等具有职业的共性,但因其角色特点,又具有诸多有别于法官、律师的职业特性。

在我国,检察官是依法在检察机关行使国家检察权的法律职业者。从检察官职责来看,我国检察官属于专事国家法律监督职责的官员。根据人民检察院组织法、检察官法有关规定,检察官负有依法进行法律监督、代表国家进行公诉、对法律规定由人民检察院直接受理的案件进行侦查等权力。可以说,检察官职责的核心内容就是进行法律监督,目的是维护国家法律的统一正确实施。② 在我国,基于检察机关在国家中的宪政定位和在当代司法中所担负的法律使命不同,检察官担当着与律师和法官不同的角色。

1. 检察官是法律秩序的积极守护者。法治社会是依靠法律来维系、保护和恢复社会关系和社会秩序的。法治社会中,任何违反法律秩序的行为都要得到及时的纠正和处理。法官、检察官、律师都同样都担负着对法律秩序的维护职能,但基于对法官的裁判角色定位,法官对法律秩序维护是被动的,没有当事人的诉讼请求行为,法官不能主动地纠正破坏法律秩序的行为。对律师的辩护角色定位,则要求基于当事人的请求,对当事人提供必要的法律帮助,以维护其合法权益,实现对法律秩序的维护。检察官的角色定位要求检察官是代表国家而非基于当事人的请求,要通过追诉犯罪主动地对违反法律秩序的犯罪行为进行追诉或对诉讼中的其他违法行为进行纠正。同时,要通过主动的法律监督,维护国家法制的统一实施。

2. 检察官是司法公正的忠实捍卫者。公正是检察机关司法属性和法律监督属性的必然要求。中共中央《关于加强人民法院、人民检察院工作的决定》中明确,"人民法院、人民检察院都是国家的司法机关"。③ 公正是司法的生命,是司法的灵魂,是司法最高的价值追求。司法行为是一种正义生产行为。④ 依据宪法的规定,我国检察机关的性质是国家法律监督机关,其不仅参

---

① 孙谦主编:《中国特色社会主义检察制度》,中国检察出版社2009年版,第344页。
② 孙谦主编:《中国特色社会主义检察制度》,中国检察出版社2009年版,第348页。
③ 参见新华社:《加强人民法院人民检察院工作 为全面建设小康社会提供司法保障》,载《北京日报》2006年6月29日。
④ [日]棚濑孝雄:《纠纷的解决与审判制度》,王亚新译,中国政法大学出版社2004年版,第273页。

与司法正义的生产行为，也参与对司法不公的矫正行为。检察官可以说是现代刑事司法体系的正义的捍卫者，其必须不畏权势地追究犯罪者的罪责，保障被害人的正义能够得到最后的伸张；同时也必须严格监督所有国家刑事司法体系下的执法者，谨守正当法律程序，以确保无辜者不受国家非法的追诉与裁判。[1] 在司法体系中，检察官与法官不同之处在于检察官扮演着积极、主动的角色。在刑事司法中，检察官必须不畏强权，代表国家和人民追诉犯罪。同时，检察官也必须通过履行法律监督职责，维护法律的统一正确实施，维护和保障诉讼参与人和其他公民、组织的合法权益。

3. 检察官是国家和人民公益的客观代表者。现代国家均采国家追诉原则，即犯罪应由国家本于职权追诉并处罚。[2] 国家追诉则意味着只有国家始能启动对犯罪行为的追诉程序，同时，追诉犯罪具有公共利益，被害人不能左右。犯罪侵害法益，破坏社会秩序，国家作为法益和秩序的维护者具有追诉犯罪并处罚犯罪人的义务，这就要求国家独占刑事司法权，由检察官代表国家追诉犯罪，使得检察权具有国家代表性与公益代表性。[3] 基于客观代表者的立场，决定了检察官成为客观之官署，检察官在适用法律时要恪守客观性义务。检察官不仅代表国家对犯罪进行追诉，维护法律秩序，而且检察官负有保护人权的重要职责，即检察官负有"客观性义务"，检察官在任何时候和任何情况下，对犯罪行为都要严格按照法律的规定进行追究，对法律的实施不折不扣，既不能使犯罪嫌疑人逃避法律制裁，又不能让无罪的人受到错误追究。检察官肩负着法律监督的职责，检察官是国家的"护法人"，而不是"当事人"。检察官不但要侦查犯罪嫌疑人、被告人有罪的情况，还要侦查犯罪嫌疑人、被告人无罪的情况。而且，还要为犯罪嫌疑人、被告人的利益而进行抗诉。检察官是一剑两刃的客观官署，不单单要追诉犯罪，更要收集有利于被告的事证，并注意被告诉讼上应有的程序权利。检察官为了发现真实情况，不应站在当事人的立场上，而应站在客观的立场上进行活动，检察官不是也不应当是片面追求打击罪犯的追诉狂，而是客观公正的守护人。这就要求检察官必须以事实为根据，以法律为准绳，秉公执法，不得徇私枉法。要求检察官站在法律的立场，客观全面地调查案件事实，既注意对犯罪嫌疑人不利的情况，也注意有利的情况，使案件得到公正的处理。

---

[1] 东吴大学法学院主编：《法律伦理学》，新学林出版股份有限公司2009年版，第451~452页。

[2] 林钰雄：《刑事诉讼法》（上册），元照出版公司2001年版，第43页。

[3] 陈国庆：《检察制度原理》，法律出版社2009年版，第54页。

综上所述，法律职业伦理与法律职业的社会角色定位与社会责任直接相关。正是法律职业者在形成、执行、传播法治中扮演着不同的重要角色，决定了基于法律职业群体在法治国家的分工。检察官在法治国家的角色与职责，决定了检察官职业的特殊性，检察官职业的特质也决定了检察官职业伦理与法官、律师职业伦理的侧重与不同。检察官职业伦理在体现司法性所要求的相近性的公正、廉洁、独立的同时，则更突出地强调其职业的客观属性和对国家、对法律、对人民的忠诚性。检察官的职业伦理彰显着检察官客观、主动及忠实地维护法制统一、维护公益的价值。

三、检察官职业伦理的必要性

检察官职业伦理是由检察官职业特质所决定的，是检察官或检察人员在执业活动中和履行职责时应当遵循的道德规范和行为准则的统称。检察官职业道德是调整检察人员与诉讼参与人之间、检察人员内部之间以及检察人员与其他司法人员之间关系的重要准则。[①]

一般而言，检察官应遵循的职业伦理既包含着法律职业伦理的共性的内容，也包含体现着从事检察官职能活动应遵循的特殊的职业伦理规范；既包含注重对检察官个人品格的要求，也包含对检察官外在行为的要求；既包含信念式的专业伦理规则，也包含条文式的责任伦理规则。检察官职业伦理作为检察官的职业行为规范，对于检察官在职业活动中处理检察官职业群体内部、检察官与职业对象之间、检察官与社会之间关系具有重要的功能。同时，检察官职业伦理通过对检察官信念的形成、品格的养成、行为的调整及职业属性的规制，对检察职能实现也具有重要的作用。

（一）检察官职业伦理与职业道德的"制度化"

检察官是依法行使国家检察权的检察人员，属于履行公共权力的公职人员。当一人进入检察机关成为检察官之时，他也就在其原有的社会关系中多了一种身份，具有了"多重身份"，进而成为"道德人"、"自然人"、"政治人"、"经济人"的"矛盾统一体"。[②] 在这一系列身份的背后，都承载着各不相同的法律责任、伦理责任。

就职业身份而言，每一种职业和职务都体现着社会关系的三个要素——责、权、利，即每种职业都意味着承担一定的社会责任、每种职业都意味着享

[①] 周旺生、朱苏力主编：《北京大学法学百科全书：法理学·立法学·法律社会科学》，北京大学出版社 2010 年版，第 512 页。

[②] 陈国权、李院林：《论责任政府的基本属性》，载《社会科学战线》2008 年第 2 期。

有一定的社会权利、每种职业都体现和处理着一定的利益关系。① 检察官也不例外。根据检察官法第 6 条的规定，检察官应履行"依法进行法律监督工作"、"代表国家进行公诉"、"对法律规定由人民检察院直接受理的犯罪案件进行侦查"等法律职责。但同时他们也享有法律所赋予的各项权利，并得到自己应有的利益，如劳动报酬、保障和福利待遇等。检察官既是代表个人利益的"自然人"、"公民"，又是代表国家利益和公共利益的"公益代表"。而不同的身份有着不同的利益诉求。因此，身为公职人员的检察官时常会遭遇这样的困境：在公共利益与自身利益发生冲突的场合，是选择公共利益放弃个人利益，还是选择个人利益放弃公共利益。

霍布斯在论述君主政体与民主政体及贵族政体的不同之处时，特别提及："不论任何人承当人民的人格或是成为承当人民人格的会议中的成员时，也具有其本身的自然人身份。他在政治身份方面虽然留意谋求公共福利，但他会同样谋求他自己以及他的家属和亲友的私人利益。在大多数情况下，当公私利益冲突的时候，他就会先顾个人的利益，因为人们的感情的力量一般来说比理智更为强大。"② 卢梭也洞察到行政官个人身上有三种本质不同的意志，他说："首先是个人固有的意志，它仅只倾向于个人的特殊利益；其次是全体行政官的共同意志，唯有它关系到君主的利益，我们可以称之为团体的意志，这一团体的意志就其对政府的关系而言则是公共的；就其对国家——政府构成国家的一部分——的关系而言则是个别的；最后是人民的意志或主权的意志，这一意志无论对被看作是全体的国家而言，还是对被看作全体的一部分的政府而言，都是公意。"③ 毋庸置疑，这是人性中的利己性使然。公共选择理论的代表人布坎南指出："个人的行为天生要使效用最大化，一直到他们遇到的抑制为止……个人必须要像预计或期望那样，追求增进他们的自己利益，即狭义的以纯财富状况衡量的自己利益。"④ 为了克服公职人员的利己主义倾向，以个人意志/利益代替公共意志/利益，霍布斯和卢梭都给出了不同的解决方案。

霍布斯认为，"公私利益结合得最紧密的地方，公共利益所得到的推进也最大。在君主国家中，私人利益与公共利益是同一回事。君主的财富、权力、

---

① 蔡志良：《职业伦理新论》，中国文史出版社 2005 年版，第 51~54 页。
② [英] 霍布斯：《利维坦》，黎思复译，商务印书馆 1986 年版，第 144 页。
③ [法] 卢梭：《社会契约论》，何兆武译，红旗出版社 1997 年版，第 110~111 页。
④ [美] 詹姆斯·M. 布坎南：《自由、市场和国家》，吴良健等译，北京经济学院出版社 1988 年版，第 23 页。

和尊荣只可能来自人民的财富、权力和荣誉"。①卢梭认为,在一个完美的立法之下,个别的或个人的意志应该是毫无地位的,政府本身的团体意志应该是极其次要的,从而公意或者主权的意志永远应该是主导的,并且是其他一切意志的唯一规范。在一个与完美立法状态相反的情况下,公意便总是最弱的,团体的意志占第二位,而个别意志则占一切之中的第一位。因此之故,政府中的每个成员都首先是他自己本人,然后才是行政官,再然后才是公民。②"立法者的艺术就正是要善于确定这样的一点:使永远互为反例的政府的力量与政府的意志,得以结合成为一个最有利于国家的比率。"③ 不难看出,霍布斯极为推崇君主制。但君主制已成为历史,霍布斯的方案无济于事,卢梭完善立法的方案对我们来说倒是颇有建设意义。

如前所述,职业伦理是为其专业从业者构造的行为规则,使个体在扮演其不同的社会分工角色时可以获得不同的行为指引。并且,我国检察官职业伦理规范也承载了现代法律职业伦理的共似性,即以法规的方式、纪律的方式、道德规范的方式被表述为文字条例的形式,走向了"制度化"。而职业道德从不成文走向成文,则是现代法治发展的必然要求。

日本学者川岛武宜指出,"说法律生活的近代化,决不只意味着引进近代国家的法制进行立法",而关键在于"把这种纸上的'近代法典'变为我们生活现实中的事实"。④而现代法治的实现离不开人们对法律价值内化而产生的内生性信仰和积极守法精神。系统理论告诉我们,价值系统自身不会自动地实现,而要"依靠制度化、社会化和社会控制一连串的全部机制","价值通过合法与社会系统结构联系的主要参照基点是制度化"。⑤伦理道德的制度化也成为一种现代法治实现的必然要求。有人就明确指出:"道德固然是一种内在自觉的秩序,但仅有以直觉、情感和良知为基础的元伦理是不够的。只有诉诸规范伦理,良好的伦理秩序方能建立。而规范伦理构建的一个重要的过程,就是伦理价值的制度化。"⑥

透过制度化,把检察官单纯的个体道德提升为检察官共同体中的伦理规

---

① [英]霍布斯:《利维坦》,黎思复译,商务印书馆1986年版,第144页。
② [法]卢梭:《社会契约论》,何兆武译,红旗出版社1997年版,第111页。
③ [法]卢梭:《社会契约论》,何兆武译,红旗出版社1997年版,第113页。
④ [日]川岛武宜:《现代化与法》,申政武等译,中国政法大学出版社1996年版,第52页。
⑤ [美]T.帕森斯:《现代社会的结构与过程》,梁向阳译,光明日报出版社1998年版,第141页。
⑥ 李洁珍:《论伦理秩序、法治秩序与公民意识》,载《求实》2007年第5期。

范，把伦理价值从个体的直觉和良心的自在状态提升到检察官共同体的原则和规范的自觉状态。检察官职业伦理为检察官正确履行宪法法律赋予的职责，维护正常检察工作关系和工作秩序，提升司法公信力和法律人的品格，规定了检察官职业行为的基本要求和基本准则。这一基本要求和基本准则的确立，厘定了检察官应担当的伦理责任，即提供了一种检察官在行使职权时优先考虑公众利益而不是个人利益的"优先原则"①，这无疑是在检察官不同身份间筑起的一道"防火墙"。

（二）检察官职业伦理与法律思维的"特殊性"

思维是职业技能中的决定性因素；法律思维方式是法律职业者区别于其他职业者特殊性之所在。对法律思维的特点，我国学者有不同的归纳，但质言之，是一个适用法律的过程，也就是根据法律规定的一般规则，结合具体案件的特殊事实，得出结论的演绎推理的过程。在这个过程中有两大要素：其一是对一般规则的认识与解读；其二是对事实的判断与认定。而法律规定本身的意义往往是模棱两可的，需要进行解释。法律解释则有不同的方法。詹姆斯·安修在其《美国宪法判例与解释》一书中所提及的宪法解释方法可谓五花八门，宪法解释的指南（或准则）竟达50种之多，每一种解释方法之下又有不同的纲目。仅就根据制宪者的意图解释而言，确定制宪者意图的方式就达14种。②而方法的选择与解释目的有关。苏力教授说："司法中的所谓'解释'，就其根本来看不是一个解释的问题，而是一个判断问题。""司法的根本目的并不在于搞清楚文字的含义是什么，而在于判定什么样的决定是比较好的，是社会可以接受的。"③解释目的的确立又不能不与解释者的价值观、意识形态、伦理道德观等发生必然的联系。美国联邦最高法院法官人员构成的变化与宪法解释方法之间的关联，即是一个很好的例证。近年来，美国最高法院人员构成发生了变化，2005年持中立立场的奥康纳大法官辞职以及首席大法官伦奎斯特逝世后，具有保守倾向的约翰·罗伯茨进入最高法院并出任首席大法官，这使得坚持原旨主义的大法官在最高法院占据了多数的地位，从而使得原旨主义解释在最高法院具有抬头的趋势。④

---

① 李洁珍：《论伦理秩序、法治秩序与公民意识》，载《求实》2007年第5期。
② ［美］詹姆斯·安修：《美国宪法判例与解释》，黎建飞译，中国政法大学出版社1999年版，第67页以下部分。
③ 苏力：《解释的难题：对几种法律文本解释方法的追问》，载梁治平编：《法律解释问题》，法律出版社1998年版，第58页。
④ 侯学宾：《美国宪法解释中的原旨主义：一种学术史的考察》，载《法制与社会发展》2008年第5期。

法律规则本身充满歧义，事实更是扑朔迷离。用来证明事实的证据往往是含混矛盾的，需要"去伪存真"。退一万步来说，即便是确凿的证据，可以呈现清楚的事实，但对这个事实如何认定，也是一个不小的难题。因此，案件的结论往往不是唯一的，而是有多个解；法律结论往往带有"主观色彩"。波斯纳认为："政治权力、私人友谊、意识形态以及偶然的运气所起的作用太大了。因此，不能把法院系统视为一帮子圣洁的天才和英雄，他们并不神奇，不会不受自我利益的牵引。"① 考察到检察机关的司法属性、检察官享有的一定实体处分权，以及法官与检察官同样具有"多重身份"等因素，波斯纳所指的"法院系统"置换成"检察系统"也同样成立。

另一位学者弗兰克更是认为："司法判决是由情绪、直觉的预感、偏见、脾气以及其他非理性的因素决定的。因此，法律规则方面的知识在观测某个特定法官所作的判决时几乎不能提供什么帮助，在作出一个特定的判决（裁判、命令或裁定）以前，没有人会知道在审理有关案件或有关特定情形、交易或事件时所适用的法律。"② 当然，弗兰克的话不免过于绝对，但其中所含有的真理成分却绝对不应忽视。

为了使带有"主观色彩"的法律结论，让人信服，得到法律的权威，职业人必须遵守理性思维、职业行为规范，职业伦理就成为必需。特别是在当下，人们普遍认为，我国近年存在的司法不公正、司法腐败、司法权威不足等现象都不同程度地与司法人员职业伦理相关联。而事实上每年都有检察官因违法违纪而被查处甚至追究刑事责任。对于2014年最高人民检察院工作，曹建明检察长在谈及检察工作中存在的问题时特别指出："少数检察人员特权思想、霸道作风严重，有的甚至以权谋私、贪赃枉法，严重损害司法公信力。"而这些问题无一不是因职业伦理的缺失所导致的。习总书记于2014年1月在中央政法工作会议上的讲话更是一针见血地指出："执法不严，司法不公，一个重要的原因是少数干警缺乏应有的职业良知。"

（三）检察官职业伦理与检察官职业的"自治性"

检察官职业伦理是优化检察官职业，实现自我管理的一个基本途径。检察官职业伦理是检察官职业化过程中形成的行为规范。在检察官职业化过程中，基于法治的社会需要和检察官职业的地位和特性，在法治的实践中形成了与检察官职业相应的行为方式，其中，命令性行为规范和禁止性行为规范对个体检

---

① ［美］波斯纳：《超越法律》，苏力译，中国政法大学出版社2001年版，第28页。
② ［美］博登海默：《法理学：法律哲学与法律方法》，邓正来译，中国政法大学出版社1999年版，第154页。

察官行为形成一种外在的约束性。其约束性伦理规范体现了检察官职业集体利益对个人利益的节制与约束，体现了社会的理性和检察官职业团体的共同意志、共同要求和共同利益。当检察官个体的职业行为违反职业伦理的整体性要求时，将会受到职业纪律的处分，甚至会失去职业身份。

作为一种古老的职业，自治是法律职业本质性的要求，而检察官职业伦理则是实现检察官职业自治的"法典"。检察官职业之所以要形成一个自我约束、自我管理的运作机制，首先是基于社会分工的结果，是检察官职业法律专业特性的要求。正如法律职业需要专门的知识和技能，而普通人根本无法就专业领域内的事项作出合理的判断。对于专业领域的事项，只有通过专业内部的同行评议，通过专业从事者的自主判断，才能保证作出妥当的安排和处理。其次，检察官职业实行自我约束、自我管理，是社会赋予的一种"特权"。职业者群体以自己的专业知识和技能为社会服务，而社会则回馈以相应的职业荣誉、地位、便利条件等。检察官职业伦理正是检察官群体进行自我约束、自我评价的重要标准和途径。

首先，检察官职业伦理包含了检察官职业道德规范中行为"善"的要求，并引导检察官根据道德规范指导和纠正自身的行为，从而协调其与其他检察官之间、职业对象之间和社会之间的关系。职业伦理规范调整检察官行为的过程，也是检察官个人职业意识形成、职业行为发展的过程，蕴含着道德人格的形成。其中，检察官自身的意志约束是职业伦理规范调整功能的重要体现。

其次，基于职业的内在视角及法治社会的期许，检察官自主地制定"伦理法典"，通过"限制"进入职业组织，通过审查、处分，甚至通过惩戒，清除严重违反职业伦理的个体，维护职业群体的社会形象并实现职业的自治。一个职业的社会地位的高低，取决于其是否拥有，以及在多大程度上拥有社会公信和社会尊重，而这在很大程度上又取决于社会对它的道德评价。检察官职业伦理，不仅使检察官职业具有足够的职业道德内涵，而且使这种职业伦理规范贯穿着服务社会的职业精神，正是这种职业精神优化着检察官职业群体，支撑并奠定了检察官职业的社会地位和在法治国家的存在价值。

专题十　检察官职业伦理规范

一、法律职业伦理规范的基本构造

随着法律职业的形成与法律职业共同体在法治国家的对话、分工与合作，直接关乎正义与公平并蕴含着法律专业的核心价值的职业伦理的基本构造主要呈现为：

（一）现代法律职业伦理多以成文的、规范的形式加以表现，并诉诸制度化建构保障实现

就职业的发展来看，随着19世纪自由职业的兴起，职业合法化的方式发生了变化。职业的合法化不仅约束并确保职业人按照社会认可的方式进行活动，而且也保证了该职业有助于实现与文化价值相关的目标。法律职业的合法化是与其成员做什么以及如何去做有着密切关联的，法律职业的价值目标是追求秩序、公平和正义的实现。而保障法律职业合法化的天然屏障，当属法律职业共同体成员对法律职业伦理的信守与践履。借此，法律职业的伦理依据法律人在法治国家担当的角色为基础，大多以法规的方式、纪律的方式、道德规范的方式，表述为文字条款的形式，步入了"制度化"的轨道。

最初的法律职业伦理一般存在于法律职业共同体的共识和普通民众的观念之中，随着法律职业的发展，法律职业伦理逐渐系统化、固定化和普遍化，许多法律职业者协会已经开始尝试把这些道德规范和伦理原则用书面形式确定下来，并使之成为本行业所必须遵守的行为规范，这时的法律职业道德就不仅是一种内心约束，同时成为一种外在的制约力量，具有一定的强制性。[①] 法律职业伦理准则在对法律职业人的行为进行评价与调整时，突出体现了制度性效力。法律职业伦理不仅维系着法律职业群体的成员，而且支撑着法律职业群体的共同的社会地位和声誉，因此，法律职业共同体要求其所有的成员遵守法律职业伦理，违反者将被开除出法律职业群体。

应该说，法律职业伦理规范从不成文走向成文，并以制度化的建构保障实现，是现代法治发展的必然要求。道德固然是一种内在自觉的秩序，但仅有以

---

① 周旺生、朱苏力主编：《北京大学法学百科全书：法理学·立法学·法律社会科学》，北京大学出版社2010年版，第323页。

直觉、情感和良知为基础的元伦理是不够的。只有诉诸于规范伦理，良好的伦理秩序方能建立。而规范伦理建构的一个重要的过程，就是伦理价值的制度化。①

（二）法律职业伦理规范以对"人"的品格要求为基础，以行为为导向并作为道德评价的对象

法律职业伦理规范，首先注重于对法律职业共同体中"人"的品格的要求。法律职业有别于其他一般的社会职业，它是以公平、公正的立场将法律运用到具体的人和事。因此，它要求法律共同体成员必须具备良好的道德品质。②正是基于法律职业共同体在形成、实现和传播法治中扮演的重要角色，法律专业的特质衍生出对其专业群体的美德的共同要求。作为法律职业共同体的伦理规范对其从业者应具备的道德品质至少包含了四方面的要求：（1）基于从事法律专业要求的美德；（2）基于追求社会正义要求的美德；（3）基于法律专业本身建立在纪律与信任之上而要求法律专业者应具备的良好品格与声誉的美德；（4）服膺"法治"成为维持法治传统、捍卫自由民主价值次序的中道力量应具有的美德。③

一般而言，职业道德并不等同于个体道德，一个道德品质高的人未必就能成为一名合格的法律职业人。但是，道德修养水平和个人的品行对法律职业共同体的所有成员都是必须具备的基础性要求。一个道德品质存在瑕疵的人绝不会成为一名合格、称职的法律人。应该说，社会及公众对于法律职业的角色期望，不仅仅局限于从事法律职业者的职业能力，更多地表现为对法律职业人道德素质，是否秉公、是否清廉、是否尽职的要求。正是基于这种社会的期望，法律职业共同体的每一成员都应成为社会中道德的表率，借此塑造法律职业共同体的社会形象，维护法律职业共同体的声誉。

为此，相关机构都针对律师、法官和检察官的道德品质提出了具体的要求。对于律师，我国先后颁布了有关律师职业道德的行业性规范，《律师职业道德和执业纪律规范》（中华全国律师协会2001年修正）、《律师执业行为规范（试行）》（中华全国律师协会2004年通过），这两个规范构成了我国律师行业职业道德规范内容的主体，它们都在不同程度上对律师的品质提出了要求，如2001年修订的《律师职业道德和执业纪律规范》第5条规定："律师

---

① 李洁珍：《论伦理秩序、法治秩序与公民意识》，载《求实》2007年第5期。
② 张文显主编：《法理学》，高等教育出版社、北京大学出版社2007年版，第265页。
③ 参见东吴大学法学院主编：《法律伦理学》，新学林出版股份有限公司2009年版，第13~15页。

应当诚实守信,勤勉尽责……"第 7 条规定:"律师应当珍视和维护律师职业的声誉,模范遵守社会公德,注重陶冶品行和职业道德修养。"

对于法官,最高人民法院颁布了《中华人民共和国法官职业道德基本准则》(2001 年 10 月发布,2010 年 12 月修订后重新发布)、《法官行为规范》(2005 年 11 月发布试行,2010 年 12 月修订后发布正式施行)。其中,《中华人民共和国法官职业道德基本准则》第 2 条规定:"法官职业道德的核心是公正、廉洁、为民。基本要求是忠诚司法事业、保证司法公正、确保司法廉洁、坚持司法为民、维护司法形象。"在此基础上,第 25 条又明确规定,法官应"加强自身修养,培养高尚道德操守和健康生活情趣,杜绝与法官职业形象不相称、与法官职业道德相违背的不良嗜好和行为,遵守社会公德和家庭美德,维护良好的个人声誉"。此外,《法官行为规范》第 2 条、第 4 条、第 7 条也分别对法官公正司法、清正廉洁及敬业奉献的品质在行为方面的转化及外现提出相应的要求。

对于检察官,最高人民检察院颁布了《中华人民共和国检察官职业道德基本准则(试行)》(2009 年 9 月)和《检察官职业行为基本规范(试行)》(2010 年 12 月)。这两个规范对检察官的品德要求作出了规定,如《中华人民共和国检察官职业道德基本准则(试行)》第 26 条规定:"以社会主义核心价值观为根本的职业价值取向,遵纪守法,严格自律,并教育近亲属或者其他关系密切的人员模范执行有关廉政规定,秉持清正廉洁的情操。"第 41 条明确规定:"明理诚信,在社会交往中尊重、理解、关心他人,讲诚实、守信用、践承诺,树立良好形象。"第 42 条规定:"牢固树立社会主义荣辱观,恪守社会公德、家庭美德,慎独慎微,行为检点,培养高尚的道德操守。"《检察官职业行为基本规范(试行)》则在对检察官的品质要求的基础上,从职业信仰、履职行为、职业纪律、职务外行为等方面对检察官的职业道德素养和从业行为加以规范。

法律职业伦理规范是以行为为基础的,并以行为作为道德评价的对象。职业伦理究其实质是对个体的人成为社会职能专业化后的社会人加以调整的基本规范,其以道德规范的形式、以一定的准则约束着职业群体的行为,调整着职业群体中的个体与社会以及其相互间的关系,这种调整的表现是为一定社会条件下、一定范围内的职业人群的行为提供是非、善恶的道德标准。伦理规范通过对行为的指引,使法律人明确行为的选择。同时,在行为指引的基础上,伦理规范又成为丈量行为的标尺,使人们据此对行为的是非与善恶作出评价。如前所述,《律师执业行为规范(试行)》、《法官行为规范》和《检察官职业行为基本规范(试行)》这些职业伦理规范都是以行为为基础,并以行为为依据进行是否合乎伦理规范评价的。

（三）法律职业伦理是建立在信念、角色和责任基础之上的规则体系

规则是由权威部门颁行或社会习俗中包含的关于人们行为的准则、标准、规定等。[①] 其中，伦理是社会规则体系中的重要一种。正如马克斯·韦伯所指出的：一切以伦理为取向的行动，都可归并为两种准则：其一是责任伦理（ethic of responsibility），其二是信念伦理（ethic of conviction）。[②]

法律职业共同体应遵行的职业伦理主要表现为两种，即信念和基于角色之上的责任而形成的准则，通过内在的调整与外在的规范与约束，进而实现法律职业群体在社会中的角色的发挥及责任的担当。其中，信念伦理显现法律职业共同体的同一性，体现了法律职业共同体伦理的共性要求，是法律职业伦理的共性的内容。而基于角色之上的责任伦理则侧重于法律职业共同体相同责任基础上的内部的角色分工而衍生出的具体职责，其凸显的是，法律职业共同体从事角色职能活动中应遵循的具体的职业伦理规范，体现了蕴含于共性之中的个性要求。法律人应遵循的职业伦理规则体系，既包含注重对法律人个人品格的要求，也包含对其外在行为的要求；既包含信念式的专业伦理规则，也包含条文式的责任伦理规则。

（四）法律职业伦理规范内容具有鲜明的层次性

法律职业伦理规范大多分为由低到高的三个层次：一是"人"的品格要求为基础的道德规范。如前所述，在伦理规范中对法律人的道德提出基本要求，其主要表现为对法律职业共同体中的个人品格的要求及信念式的专业伦理规则。二是规则诱导。其主要表现为道德意义的规则，起到"劝善"、"明示当为"的作用。规则诱导使对法律职业人的管理、检查与监督更便于操作，其作用在于强调行为引导、预防和教育，区别于惩罚性规范，使适用者易于认知并接受。三是纪律约束。以纪律约束的方式规定并调整法律职业伦理规范作用，侧重于约束的取向，即明确以严格的纪律方式规定"禁止性规范"，通过不得为的设定，即通过"他律"的方式，保障职业伦理规范的实现。

（五）法律职业共同体伦理因共同体内部分工、角色的不同，对律师、法官和检察官的伦理规范分别予以规定，提出要求，监督实现

虽然法律职业群体要求其必须遵循体现核心价值的共同的职业伦理，然而，基于律师、法官和检察官在法治国家中承担的具体角色和分工的不同，以

[①] 张文显主编：《法理学》，高等教育出版社、北京大学出版社2007年版，第116页。
[②] 参见东吴大学法学院主编：《法律伦理学》，新学林出版股份有限公司2009年版，第153页。

及在诉讼中承担的职能的不同,其各自应遵循的伦理规则在共似的基础上存在差异。

首先,其"分"表现在伦理规定的机构及规定内容的分门别类上,大多在相关的机构和程序中形成的框架,其中更多涉及的是受角色约束的义务。在我国,对于律师,由中华全国律师协会相继颁布了《律师职业道德和执业纪律规范》、《律师执业行为规范(试行)》,这两个规范构成了我国律师行业职业道德规范内容的主体;对于法官,由最高人民法院颁布了《中华人民共和国法官职业道德基本准则》和《法官行为规范》;对于检察官,由最高人民检察院先后颁布了《检察官职业道德规范》、《中华人民共和国检察官职业道德基本准则(试行)》、《检察官职业行为基本规范(试行)》。这些规定都分别依据律师、法官和检察官在法治国家的分工作出具体的规范,明确各自的行为要求。

其次,其"同"表现在与法律职业的价值和理想相关联,包含着价值、信仰、理想的道德品质要求及对行为的指引与限制上是趋同的。同时,此类相关的规范大多表现为道德规范(准则)和纪律约束。对于法律职业共同体而言,他们是从相同的起点出发,经过不同的轨迹,追寻着共同的目标。他们居于不同的角色,捍卫着共同的利益,分享着共同的命运,是天然的、殊途同归的共同体。如果以应担负的社会所赋予的具体使命、责任来界定职业类别,我们不难发现,法律职业伦理因固有的分工而存在适用于不同职务间的标准差异。然而,法律职业伦理的共性是以目的为主导的,作为法律职业共同体的成员,律师、法官与检察官在法治国家是殊途同归的价值、信仰与伦理共同体,律师、法官和检察官在其职业生涯中应遵循的法律职业伦理的规范的构造与基本伦理是趋同的。

二、检察官职业伦理规范基本框架

20世纪90年代以来,国际范围内关于检察官职业伦理的共识逐渐形成,检察官除了应具备专业知识和技能外,还应具备与自身职能相对应的职业伦理。基于追诉犯罪、保障人权的立法理念,一系列国际条约和准则对检察官职业伦理作出了具体规定,其中既包含了有关涉及检察官自身行为的伦理规范,也包含了规制检察官与当事人、同行、法官、警察等主体关系的伦理规范。各个国家基于国际通行的惯例与原则,大多采用将检察官应遵行的专业伦理规范以文字条例的形式加以表述。这些成文的专业伦理规范,通过自律和强制的结合,为约束检察官行为提供了标准与指引,助推着检察官职业活动的价值追求与职责要求的实现。

(一) 国际层面有关检察官职业伦理的规范

1.《关于检察官作用的准则》

《关于检察官作用的准则》(Guidelines on the Role of Prosecutors)(以下简称《准则》)是第八届联合国预防犯罪和罪犯待遇大会于1990年通过的,共有24条。其立法构想可以追溯到第七届联合国预防犯罪和罪犯待遇大会第7号决议,其中提请犯罪预防和控制委员会考虑是否制定与检察官作用相关的准则。检察官是刑事司法中重要的一环,担负着调查和起诉犯罪、法律监督方面的重要职能,在保护人权方面发挥着重要作用。另外,检察官自身的权利也应受到法律的保护,如任职资格、言论和结社自由权利等。这样才能使检察官公正办案,不受任何非法因素的影响。[①] 该《准则》分别就有关检察官之资格、甄选、培训、地位与服务条件、言论与结社自由、在刑事诉讼中的作用、与其他政府机构或组织之关系、纪律处分程序等事项作出较为详尽的规定,以供各国在制定相关法律时参考。《准则》的目的在于协助会员国确保和促进检察官在刑事诉讼程序中发挥有效、不偏不倚和公正无私的作用。

其中,《准则》明确规定了"鉴于检察官在司法工作中具有决定性作用,有关履行其重要职责的规则应促进其尊重按照上述原则,从而有助于刑事司法公平而合理,并有效地保护公民免受犯罪行为的侵害"。《准则》明确指出,为使检察官能恪尽职守打击新形式和新规模的犯罪行为,各国必须提供一切必要手段,改进检察官的征聘及其法律和专业培训,确保检察官具备履行其职责必需的专业资历。

该《准则》对检察官的履职条件就资格、甄选和培训等提出明确要求。明确了担任检察官的前提是受过适当的培训、具备适当资历、为人正直且具有能力。鉴于检察官在刑事诉讼中起到关键性作用,对其伦理的要求尤为严格。

为保障检察官有效地履行职责,《准则》对检察官的地位和服务条件作出了具体规定,并要求"检察官作为司法的重要行为者,应在任何时候都保持其职业的荣誉和尊严"。

此外,《准则》就检察官在刑事诉讼中的作用,检察官的职责与司法职能进行了明确界定。"检察官应当在刑事诉讼,包括提起诉讼和根据法律授权或当地管理,在调查犯罪、监督调查的合法性、监督法院判决的执行和作为公众利益的代表行使其他职能中发挥积极作用。"同时,"检察官应始终一贯迅速而公平地依法行事,尊重和保护人的尊严,维护人权从而有助于确保法定诉讼

[①] 参见杨宇冠、杨晓春编:《联合国刑事司法准则》,中国人民公安大学出版社2003年版,第367页。

程序和刑事司法系统的职能顺利地进行"。在上述职责界定的基础上，规定检察官履行职责的立场，即"不偏不倚地履行其职能，并避免任何政治、社会、文化、性别或任何其他形式的歧视"。"保证公众利益，按照客观标准行事，适当考虑到嫌疑犯和受害者的立场，并注意到一切有关的情况，无论是否对嫌疑犯有利或不利。"规定"检察官应适当注意对公务人员所犯的罪行，特别是对贪污腐化、滥用权力、严重侵犯人权、国际法公认的其他罪行的起诉，和依照法律授权或当地惯例对这种罪行的调查"。同时规定了检察官在刑事诉讼中保障人权的职责，"当检察官根据合理的原因得知或认为其掌握的不利于嫌疑犯的证据是通过严重侵犯嫌疑人人权的非法手段，尤其是通过拷打，残酷的、非人道的或有辱人格的待遇或处罚或以其他违反人权办法而取得的，检察官应拒绝使用此类证据来反对上述手段者之外的任何人或将此事通知法院，并应采取一切必要的步骤确保将上述手段的责任者绳之以法"。

2. 《检察官职业责任守则和主要职责及权利的声明》

《检察官职业责任守则和主要职责及权利的声明》（Standards of Professional Responsibility and Statement of the Essential Duties and Rights of Prosecutors）（以下简称《守则》）是国际检察官协会于1999年通过的，主要内容包括6条，基于检察官的职业行为及在刑事司法中的关键作用，《守则》较为全面地揭示了检察官的职业伦理，为检察官行为明晰了标准，并强调除了可作为各国订立颁布检察官行为准则时的参考外，更冀求各国能基此准则而继续发展，强化自身的检察职业伦理规范。

《守则》明确了检察官最重要的职业伦理指标，即专业、独立、公正、履行刑事程序中的角色、合作（检察官应与警察、法院、法律界人士、辩护律师和其他政府机构等合作）及身份职务保障等。其中，关于检察官的专业操守规范，要求检察官必须永远保持专业水准，依法办事并符合检察官专业规则，也必须不断求知，以掌握法律专业的最新发展。此外，该《守则》界定了"独立"、"中立"、"合作"，以及检察官权利的伦理指标。对检察官"在刑事诉讼中的作用"再次声明了检察官在逮捕和审前羁押中人权保障的职业要求方面，该《守则》重点强调检察官们在审前阶段应当牢记，在诉讼程序中检察官拒绝使用通过酷刑取得的证据义务。"检察官应当……审查提出之证据，以确定其取得是否合法或符合宪法；拒绝使用有合理理由相信是通过构成严重侵犯犯罪嫌疑人人权之非法方式，特别是通过构成酷刑或残忍待遇之方式,取得的证据。"①

3.《欧盟检察官伦理及行为准则——布达佩斯准则》

《欧盟检察官伦理及行为准则——布达佩斯准则》(European Guidelines in Ethics and Conduct for Public Prosecutors, "the Budapest Guidelines")(以下简称《布达佩斯准则》)是欧盟于 2005 年在欧洲检察官大会上通过的,其主体部分共 4 条。第 1 条规定了检察官的基本职责——公平、公正、高效;尊重、保护和支持人的尊严和人权;代表社会和公众利益;努力达到社会一般利益和个人利益、权利之间的平衡。第 2 条关于"一般职业行为",规定了检察官应坚持最高的职业标准及保持职业荣誉和尊严;依专业标准行事;依据事实、依照法律履行职能,不受任何不当影响;无所畏惧地、没有偏爱和偏见地公正履行其职责;不允许检察官的个人或经济利益或检察官的家庭、社会或其他不正当地影响其作为检察官的行为。尤其是,当案件中有其本人、家人、生意伙伴的个体的、私人的或经济的利益相联系时他们不应担任该案检察官。第 3 条关于"刑事诉讼体系中的职业行为",要求检察官在任何时候支持公平审判;公平、公正、客观、独立地履行职责;设法确保刑事司法尽可能高效运行并符合正义等。第 4 条关于"私人行为",要求检察官不得因其私生活活动损害检察机关实际、合理的正直、公平和公正;检察官应以其行为促进和坚定公众对其职业的信任;检察官不得使用其在受雇用期间所获得的任何信息非法促进其或他人的私人利益;检察官不得接受来自第三方的任何礼物、奖品、利益、引诱、招待或执行任何可视为损害其政治、公平和公正的工作。

从上述规定不难看出,《布达佩斯准则》不仅为检察官履行职责明确了一般性原则,而且就检察官一般性职业行为、刑事诉讼程序中的职业行为,以及私人行为都提供了较为详尽的伦理规范指引,是对《准则》和《守则》相关规范内容的进一步细化和分解,由此,也使《布达佩斯准则》所规定的职业伦理规范对检察官行为调整时更具指引性和可操作性。

(二) 以法律或法律授权制定法规的形式

以法律、法规的形式规定检察官伦理中的基本内容,赋予了检察官职业的基础性内容的强制性。伦理不同于法律,两者有着不同的调整范围和规范层次,在规范方式和强制程度方面也存在很大差异。但伦理与法律又是相互联系、相互影响的两种规范。而对检察官的职业伦理的事项以法定的形式作出规定,直接赋予了相关伦理规范的法律强制力,有利于伦理规范的要求和内容的

---

① 参见国际检察官联合会编:《检察官人权指南》,杨宇冠、李立译,中国检察出版社 2006 年版,第 174 页。

实现。

1995年2月，第八届全国人大常委会第十二次会议通过了《中华人民共和国检察官法》，其中，第3条规定："检察官必须忠实执行宪法和法律，全心全意为人民服务。"第8条关于检察官应当履行的义务中，对检察官"秉公执法"，"清正廉洁，忠于职守，遵守纪律，恪守职业道德"提出了明确的要求。第10条在担任检察官必须具备的条件规定中，明确检察官应"有良好的政治、业务素质和良好的品行"。第18条、第19条、第20条对检察官禁止兼职，禁止从事非本职事务、任职回避等均作出了明确规定。第35条关于检察官不得为的行为也作出较为详尽的规定。其后，2001年6月，第九届全国人大常委会第二十二次会议通过《关于修改〈中华人民共和国检察官法〉的决定》，此次修改增设了检察官恪守职业道德的义务，从而使检察官恪守职业道德具有了法律约束力。

（三）以纪律的方式

纪律是通过对行为人自身的行为施加外在约束来达成纠正行为的目的的重要手段，纪律发挥作用的过程也是借由外在的强迫逐步过渡到内在自律的过程。纪律对维护机构、组织的自治具有不可替代的功能。以文件的形式，对检察官的职业伦理提出了明确的纪律约束和要求，侧重于约束性取向，即明确以严格的纪律方式规定"禁止性规范"，通过不得为的设定，借助"他律"的方式，保障检察官的职业伦理规范得以实现。

近年来，随着检察官职业化进程的推进，检察机关根据检察队伍建设的现实需要，相继颁布了诸多规制检察官职业行为的纪律性伦理规范，主要包括以下内容：

首先，有关检察官职权制约的纪律性规范，先后颁布了《检察机关领导干部必须遵守的"六个严禁"规定》（最高人民检察院2005年10月28日）、《检察机关领导干部违反"六个严禁"处理办法（试行）》（最高人民检察院2005年10月28日）、《检察机关领导干部"十个严禁"要求》（最高人民检察院2009年2月）、《检察机关领导干部廉洁从检若干规定（试行）》（最高人民检察院2010年11月16日）、最高人民检察院《关于加强执法办案活动内部监督防止说情等干扰的若干规定》（2014年7月14日）。上述规定对严禁检察人员办关系案、人情案、金钱案；严禁违反职责分工或规定程序干预办案；严禁插手工程招标、政府采购等经济活动，谋取私利；严禁接受可能影响公务的宴请、礼物或娱乐活动；严禁利用职权为亲属子女或身边工作人员谋取利益；严禁收取现金、有价证券、支付凭证和收受干股；严禁用公款出国（境）旅游等作出较为详尽规定。同时规定检察人员在执法办案活动中，遇有私下通过关系干扰执法办案、说情等情况时，应当向有关领导和纪检监察机构报告。对 7 种可能干扰执法办案、影响案件公正处理的情形要及时报告。要求检察人员恪守法律，秉公执法，廉洁从检，不徇私情。

其次，有关检察官社会行为规制方面的纪律规范主要有：《最高人民检察院禁酒令》（2009 年 1 月 2 日）、最高人民检察院《关于严禁检察人员违规使用机动车辆的六项规定》（2010 年 5 月 31 日）、最高人民检察院《关于规范检察人员与律师交往行为的暂行规定》（2012 年 2 月 13 日）、《检察人员八小时外行为禁令》（最高人民检察院 2013 年 9 月 30 日），上述规范规定了严禁检察人员违规使用机动车辆、严禁检察人员工作时间和执法办案期间饮酒及酒后驾车，要求检察人员与律师交往应当符合法律、纪律规定和检察职业道德要求，不得妨碍律师依法执业，不得无故拖延、推诿或者刁难律师依法执业提出的合理要求，同时要自觉避免一切可能影响检察工作公正性、公信力、廉洁性的行为。通过上述规定，明确了严禁检察人员从事任何减损检察机关公信力的行为。

最后，有关检察人员违反职业伦理惩戒的规定是《检察人员纪律处分条例》（最高人民检察院 2007 年 5 月 23 日），该条例明确了检察纪律处分的种类分为警告、记过、记大过、降级、撤职、开除。同时，明确了检察人员纪律处分的具体适用。在此基础上，将检察人员的违纪行为进行具体区分，即违反政治纪律的行为；违反组织、人事纪律的行为；违反办案纪律的行为；贪污贿赂行为；违反廉洁从检规定的行为；违反财经纪律的行为；失职、渎职行为；违反警械警具和车辆管理规定的行为；严重违反社会主义道德的行为；妨碍社会管理秩序的行为。该条例针对检察人员的职业属性，以职业活动和职业性质为依据，对检察人员的职业行为，从刚性约束的角度作出了全面、系统的规定，体现了检察官伦理规范的职业性、自律性和制约性，是检察官正确履行职责的"保障性"规范。

（四）以职业道德的方式

"道德的基础是人类精神的自律。"[①] 相对于法律而言，道德对人们行为的调控有其特殊的机理和方式，道德不仅可以弥补法律强制力的某些不足，而且对人的思想和正当、合法行为自觉性的影响上也为法律所不可替代。[②] 道德行为规范的力量是内化于心、外化于行的，其通过人们在道德上的认同与自觉性来实现道德意识和道德品质的外化。

---

① 魏英敏主编：《新伦理学教程》，北京大学出版社 1993 年版，第 249 页。
② 陈卫东主编：《司法公正与司法改革》，中国检察出版社 2002 年版，第 413 页。

以职业道德规范的形式明确检察官职业伦理的价值在于：其一，道德规范的目的与取向是重在引导与激励，从而区别于法律与纪律的惩戒。其二，道德规范中可以更多地包含信念性的职业道德内容。检察官信念性职业道德规范的建立是职业伦理经由检察官内心深化的过程，其重在教育与内化检察官的内心，使检察官形成坚定的职业信仰与信念，使检察官职业道德要求成为检察官自我要求的准则，从而通过"自律"的方式保证检察官职业道德规范的实现。

基于道德规范调整的特殊机理，我国先后出台了如下检察官职业道德准则：2002年2月，最高人民检察院颁布了《检察官职业道德规范》，对检察官职业道德进行了高度提炼和概括，明确提出检察官应恪守"忠诚、公正、清廉、严明"八字规范；2009年9月，在继承、吸收原有规定并补充新鲜内容的基础上，最高人民检察院颁布了《中华人民共和国检察官职业道德基本准则（试行）》，确定了对检察官职业道德的四项基本要求，即"忠诚、公正、清廉、文明"；2010年10月，最高人民检察院颁布了《检察官职业行为基本规范（试行）》，从职业信仰、职业作风、履职行为、职业礼仪、职务外行为及职业纪律等方面作出了明确规定。

三、检察官职业伦理规范的主要内容

现代伦理发展的一个重要趋势，是以行动作为道德评价的对象，即以行为为基本规范的主线，而不是行动者的个人品格。与此同时，道德评价的关注点从"应该成为一个什么样的人"转到"应该践行什么样的行动"。《检察官职业行为基本规范（试行）》以检察官的行为为主要调整对象，对检察官职业行为——包括职务外行为——提供是非、善恶的道德标准和统一要求。下面我们以《检察官职业行为基本规范（试行）》为主线，阐释检察官职业伦理规范的主要内容。

（一）职业信仰

1. 职业信仰的内涵

信仰是主体的一种精神状态，是主体对其认定的、体现着最高生活价值的某种对象的由衷信赖和矢志不渝的追求。依百度百科的解释：信，信奉；是所望之事的实底，是未见之事的确据。仰，仰慕。信仰，是指对人们对某种理论、学说、主义的信服和尊崇，并把它奉为自己的行为准则和活动指南，它是一个人做什么和不做什么的根本准则和态度。职业信仰是这样一种情感体验和精神追求，即职业者在其职业形成的过程中，对于其所从事职业的意义、规律、原则的极度信服和尊崇，并奉之为自己的行为准则和活动指南。如前文所述，依马克斯·韦伯关于伦理的分类，职业伦理属于信念伦理的范畴，为期待

性规范,是检察官执行职务活动时内在的最高的道德标准。

2. 职业信仰的意义

职业信仰是一个人信仰的集中体现,它不仅是职业伦理的重要内容,更是职业伦理的最高要求,是期许检察官努力实现的理想目标。职业信仰把个人的信仰与其职业联系在了一起,从而实现在职业中自觉地追求利己、利人和利群的高度统一。职业信仰具有以下几个方面的意义:

(1) 职业信仰的终极性。这里的终极是指职业最高的意义和最重要的价值。[①] 职业信仰是职业意识的核心和职业活动的基石,它把人的行为引向意义,带入精神层面,而不再是简单的利益计算和"肉体需要支配"下的生产。在职业信仰者看来,只有辛勤的工作才能使人生获得意义,并证实自己的人生价值。从而使工作本身获得这样的意义:"虽然附带地以它谋生,但仍不失其替公众服务的原旨。"[②] 有了职业信仰,从业者便有了崇高的精神追求,并在追求中找到幸福和宁静,回归自己的精神家园。

(2) 职业信仰的神圣性。所谓神圣性,是指人们对某种对象发自内心的敬畏和崇拜。职业的神圣性,当指人们对其职业的敬畏和崇拜,从而使爱岗敬业获得心理基础和精神支撑。有职业信仰的人,不仅对职业价值有高度认同,对职业有发自内心的敬重,更重要的是把职业活动视为一种天职、一种使命。新疆石河子人民检察院监所检察科原检察员张飚,以一种检察职业神圣的使命感,以一颗守护正义天平的高度责任心来处理张氏叔侄案。他说,"每到夜晚,想起张氏向我哭诉的情形,我都无法入眠"。相反,缺乏职业信仰者,视职业为"饭碗",为个体养家糊口之事;不会将眼前的普通工作与自己的人生意义联系起来,不会有对工作的敬畏,更不会有神圣感产生。更有甚者,把党和人民赋予的检察职权当作"寻租"的本钱,以权谋私,以案谋钱,贪赃枉法。

(3) 职业信仰的统领性。职业信仰对职业道德各个方面进行统摄,增强了主体对职业伦理规范的接受力。信仰不同于一般的信念,它是信念最集中、最高的表现形式,在人的精神世界中占据着统摄地位。如有人所说的那样:"正是由于这种统摄的高度凝聚作用,使主体在职业实践中具有了坚定不移的主导价值观,将各种具体的职业道德行为组织起来形成系统,获得恒久、稳定

[①] 参见任者春:《敬业:从道德规范到精神信仰》,载《山东师范大学学报(人文社会科学版)》2009年第5期。

[②] [美] 哈罗德·伯曼编:《美国法律讲话》,陈若桓译,三联书店1988年版,第208页。

地践行职业伦理规范的自觉力量。"① 进而成就一个人一辈子做好事的平凡而伟大的人生。模范检察官杨竹芳以"没有小案子,凡是事关人民群众利益的案子,每一件都是大案子"的善念,做到了这一点,她创造了"无错案、无超时限、无违法违纪、无被群众举报"的"四无"纪录。

3. 职业信仰的内容

(1) 政治信仰（第1条、第3条、第4条、第7条）

检察机关是国家的法律监督机关,检察官是行使国家检察权的检察人员,是中国特色社会主义事业的建设者、捍卫者,社会公平正义的守护者和公共利益的代表。因此,检察官职业信仰的重要内容之一即检察官的政治信仰。政治信仰凸显了检察官"忠诚"的政治品格,要求检察官:①坚定政治信念,坚持以马克思列宁主义、毛泽东思想、邓小平理论和"三个代表"重要思想为指导,认真学习中国特色社会主义理论体系,深入贯彻落实科学发展观,建设和捍卫中国特色社会主义事业;②坚持中国共产党领导,坚持党的事业至上,始终与党中央保持高度一致,自觉维护党中央权威;③坚持执法为民,坚持人民利益至上,密切联系群众,倾听群众呼声,妥善处理群众诉求,维护群众合法权益,全心全意为人民服务;④坚持服务大局,围绕党和国家中心工作履行法律监督职责,为改革开放和经济社会科学发展营造良好法治环境。

(2) 法治信仰（第5条、第6条）

检察官作为"法律的守护人",以追求法治下公正、正义和平等为自己的理想和使命。这就要求检察官将法治精神、法治原则、法治理念时刻铭记于心,具有法治信仰。为此,检察官应:①坚持依法治国基本方略,坚持宪法法律至上,维护宪法和法律的统一、尊严和权威,致力于社会主义事业的发展进步;②维护公平正义,忠实履行检察官职责,促进司法公正,提高检察机关执法公信力。

(3) 品德信仰（第2条、第8条）

品德为一种比较稳定和持久的履行道德原则和规范的个人秉性和气质,属于个人伦理范畴。相较于以道德规范和义务为中心的社会伦理,个人伦理主要探讨个人关系、个人追求、生活品位等方面的道德问题,主要关注的问题不是"我应当遵循什么准则",而是"我应该做哪种人"。那么,所谓品德就是"使道德原则、义务、高尚纳入了我们的个性、本性之中,成为了一种真正稳定地

---

① 参见任者春:《敬业:从道德规范到精神信仰》,载《山东师范大学学报（人文社会科学版）》2009年第5期。

属于我自己的东西"。① 从实践的角度，品德较之于义务规则应当是更重要的和优先的。为了规范职业行为，检察官应注重型塑个人的品质、品格或德性，具体要求：一方面"热爱祖国，维护国家安全、荣誉和利益，维护国家统一和民族团结，同一切危害国家的言行作斗争"；另一方面"恪守职业道德，铸造忠诚品格，强化公正理念，树立清廉意识，提升文明素质"。

(二) 履职行为

从发生学的角度来看，职业伦理的产生经由一个因职业人的不公正行为或不义行为而引起的他律，到职业人基于公益和职业荣誉而自律的过程。因此，职业伦理以职业人的行为为主线，对职业人的行为予以规范。检察官职业伦理以检察官职业行为为主线，以"公正"为价值追求，以"保障和促进检察官严格、公正、文明、廉洁执法"为其鹄的，从以下几个方面规范了检察官职业行为：

1. 职务认知

职务认知是检察官依法履行职责的逻辑前提和理论基础。检察官法（2001年）第6条对检察官的职责作出了明确规定，这应是检察官的法定性义务。但以宪法视角，检察机关是国家的法律监督机关，"并且负有维护宪法尊严、保证宪法实施的职责"（宪法序言）。立法法第90条明确授权最高人民检察院享有对同宪法或者法律相抵触的行政法规、地方性法规、自治条例和单行条例提出进行审查的要求的权利。另外，宪法规定：国家尊重和保障人权。以国际性规范视角，检察官作为公众利益的代表，有尊重和保护人的尊严，维护人权的义务。这些义务可视为检察官的客观性义务，即检察官在代表国家依法追诉犯罪，实现国家刑罚权，维护国家统一、社会秩序的同时，更负有维护宪法法律尊严，维护法制统一，尊重和保障人权的职责。为此，要求检察官做到坚持打击和保护相统一（第11条）、坚持实体与程序相统一（第12条）、坚持惩治与预防相统一（第13条）、坚持执行法律与执行政策相统一（第14条）、坚持强化审判监督与维护裁判稳定相统一（第15条）。

2. 对个人的责任

"打铁还需自身硬。"检察官作为"公益代表人"和"法律守护人"，在进行法律监督，查办和预防职务犯罪，促进严格执法、公正司法，保障人民利益，维护宪法法律权威，推进全面深化改革、实现依法治国等方面发挥着重要的作用。为此，检察官在履行职责时应特别注重：

(1) 依法履职（第9条）。宪法第131条规定："人民检察院依照法律规

---

① 何怀宏：《伦理学是什么？》，北京大学出版社2008年版，第182页。

定独立行使检察权,不受行政机关、社会团体和个人的干涉。"检察官法第4条规定:"检察官依法履行职责,受法律保护。"依法履行职责,既要"严格按照法律职责权限、标准和程序执法办案,又要隔绝来源于行政机关、社会团体和个人的干涉",更要"自觉抵制权势、金钱、人情、关系等因素干扰"。唯其如此,也能坚持依法履行职责。

(2) 公正客观勤勉的执法态度(第10条、第16条、第25条)。司法公信力的提高,在于司法者的公正。并且这种公正不是抽象的不确定的概念,应是透过每一个案件确保人民群众都能感受到的具体的公平正义。它要求检察官"坚持客观公正,忠于事实真相,严格执法,秉公办案,不偏不倚,不枉不纵,使所办案件经得起法律和历史检验"。为了保证检察官履行职责的公正性,客观勤勉的执法态度是不可或缺的。为此检察官应"坚持重证据,重调查研究,依法全面客观地收集、审查和使用证据,坚决杜绝非法取证,依法排除非法证据";"精研法律政策,充实办案所需知识,保持专业水准,秉持专业操守,维护职业信誉和职业遵守"。

(3) 自觉接受监督(第24条)。"监督者接受监督。""阳光是最好的消毒剂。"检察机关一以贯之地注重自觉接受人大监督、人民群众和新闻舆论的监督,始终将增大检察工作的透明度、深化检务公开作为工作努力的方向。①早在20世纪80年代末,检察机关就建立了新闻发言人制度,通过新闻媒介向广大人民群众介绍检察工作情况,反馈人民群众举报案件的查处情况,听取社会各界的意见,及时发现和纠正工作中的缺点和错误。作为检察官的个人也应"自觉接受监督,接受其他政法机关的工作制约,执行检务公开规定,提高执法透明度"。

3. 树立正确执法理念(第17条、第18条、第19条、第20条)

执法理念往往更带有根本性,理念决定认识,认识左右态度,态度影响行为。2009年5月,最高人民检察院曹建明检察长在基层调研时强调,要牢固树立理性、平和、文明、规范执法的新理念,持之以恒、毫不松懈地抓好基层检察院建设。这不仅为基层检察院执法工作提出了新要求,更为全国检察机关和全体检察人员做好新形势下检察工作指明了努力的方向。理性是内涵,是法律的精髓;平和是心态,更是执法的关键;文明,与其说是态度不如说是心态,关乎检察形象;规范是要求,也是基础,更是保障。四个方面有机联系,组成一个不可分割的整体。因此,检察官在树立和强化执法理念的同时,应当

---

① 目前,检察机关正按照中央部署,积极探索和开展深化检务公开改革试点,其重点内容一是要着力推进案件信息查询,二是大力推进法律文书公开。

努力将其外化于行，做到："坚持理性执法，把握执法规律，全面分析情况，辩证解决问题，理智处理案件"；"坚持平和执法，平等对待诉讼当事人，和谐处理各类法律关系，稳慎处理每一起案件"；"坚持文明执法，树立文明理念，改进办案方式，把文明办案要求体现在执法全过程"；"坚持规范执法，严格依法办案，遵守办案规则和业务流程。"

4. 对社会的责任（第21条、第22条、第23条）

检察官作为从事法律工作的专业人士，其对社会自然有一份担当。特别是当前形势下，维护社会大局稳定是政法工作的基本任务。曹建明检察长在大检察官研讨班上的讲话中也指出：各级检察机关要充分认识当前维稳工作的严峻形势，扎实做好检察环节各项工作。维稳问题中有部分是与维权问题交织在一起的。因此，检察官要"重视群众工作，了解群众疾苦，熟悉群众工作方法，增进与群众的感情，善于用群众信服的方式执法办案"，并要"重视化解矛盾纠纷，加强办案风险评估，妥善应对和处理突发事件，深入排查和有效调处矛盾纠纷，注重释法说理，努力做到案结、事了、人和，促进社会和谐稳定"。在自媒体时代，网络成为了群众表达诉求的重要平台，问题通过网上曝光后往往会持续发酵，引起舆论极大关注。如果导控失利，可能对检察机关的司法公信力带来强烈的负面影响，可能成为破坏稳定的重要因素。故而，"重视舆情应对引导，把握正确舆论导向，遵守舆情处置要求，避免和防止恶意炒作"，自然成为了检察官履职行为的重要内容之一。

（三）职业纪律

1. 职业纪律的含义与意义

纪律为维护集体利益并保证工作进行，而要求成员必须遵守的规章、条文。一般来说，纪律有三种基本含义：其一，纪律是指惩罚；其二，纪律是指通过施加外来约束达到纠正行为目的的手段；其三，纪律是指对自身行为起作用的内在约束力。纪律和道德分别从不同角度调整人与人、人与社会之间关系，以不同的方式发挥着引导、调整、约束、禁止人们某些思想—行为的作用。它们之间有不同特点主要表现为：[1] 首先，纪律比道德具有较大的客观可控性。纪律规范规定，对违反纪律规范的行为予以处罚。可见，对纪律可以施行有目的有意识的控制；而道德的可控性以行为人的感知理解和主观接受为前提，显然弱于纪律的可控性。其次，纪律比道德具有较大的内在强制性。道德的真正价值在于个人的自觉行为；纪律的实施是人们内心的自觉意识和纪律

---

[1] 宋保忠：《道德、纪律与人的思想—行为规范系统》，载《汉中师范学院学报（哲学社会科学版）》1986年第2期。

本身内在的强制力量的统一。它是依靠较大的强制性和严格的约束力来支持的。最后,纪律比道德具有较大的历史易变性。深入人心的道德,与人们的习惯、习俗往往融为一体,具有较大的保守性;而基于客观可控性和内在强制性,纪律表现出比道德较大的历史易变性。所以,在顺应社会变革和改革潮流方面,纪律则显得更为及时和优越。① 作为伦理规范的"职业纪律"相较其他伦理规范,从内容上讲属于禁止性规范,对检察官的行为作出更为具体的、明确的指引;从功能上讲属于惩戒性规范,通过对违纪者的惩戒,以期使检察官从一个外在的强迫纪律逐步过渡到内在的道德自律。

2. 职业纪律的内容

职业纪律具体包括以下内容:

(1) 政治纪律(第26条、第28条)。检察官以"忠诚"为其基本的政治品格。忠诚既包括忠于宪法和法律,也包括忠于检察事业。忠于宪法和法律,对检察官而言,不仅在执法活动中严格执行宪法和法律,自己在日常生活中也要自觉遵守宪法和法律,做到"不参加非法组织,不参加非法集会、游行、示威等活动"。忠于检察事业主要表现有二:其一是珍惜检察官荣誉,保持检察官的职业营养和尊严,"不发表、不散布不符合检察官身份的言论";其二是勤勉敬业,尽心竭力,要求检察官"严守工作纪律,爱岗敬业,勤勉尽责,严谨细致,讲究工作质量和效率,不敷衍塞责"。

(2) 组织纪律(第27条)。宪法和人民检察院组织法明确规定,上下级检察机关之间是领导关系。这是由检察机关性质所决定的,是民主集中制原则在检察机关组织领导体系上的具体体现和运用。"领导关系"要求下级检察机关服从上级检察机关的领导,具体到检察官,则要求"执行上级决定和命令,服从领导,听从指挥,令行禁止,确保检令畅通,反对自由主义"。

(3) 办案纪律(第30条、第31条、第32条)。职业纪律是检察机关通过施加外来约束达到纠正检察官职业行为目的的一种手段,它以检察官职业行为为主要规范对象,具体包括:"严守办案纪律,认真执行办案工作制度和规定,保证办案质量和办案安全,杜绝违规违纪办案";"严守保密纪律,保守在工作中掌握的国家秘密、商业秘密和个人隐私,加强网络安全防范,妥善保管涉密文件或其他涉密载体,坚决防止失密泄密";"严守卷宗管理纪律,认真执行卷宗管理、使用、借阅、复制等规定"。

(4) 检务保障纪律(第32条、第33条)。检务保障包括物质保障和安全

---

① 宋保忠:《道德、纪律与人的思想—行为规范系统》,载《汉中师范学院学报(哲学社会科学版)》1986年第2期。

保障，前者是检察官履职的重要物质基础，如车辆；后者关涉检察官履职过程的人身安全，如枪支弹药。随着司法改革的推进，检务保障日臻完善。与此同时，相应的问题也日趋凸显。这些问题处理不好，小而言之，事关办案安全，大而言之，事关检察机关的公众形象，甚至影响到司法公信力。为此，检察官应"严守枪支弹药管理纪律，依照规定使用和保管枪支弹药，确保枪支弹药安全"；"严守公务和警用车辆使用纪律，不私自使用公务和警用车辆，不违规借用、占用车辆。遵守道路交通法规，安全、文明、礼貌行车，杜绝无证驾车、酒后驾车"。

（5）生活纪律（第29条、第34条）。品格可以定义为一种比较稳定和持久的履行道德原则和规范的个人秉性和气质。它是一个人内心的原则，可以通过外现的行为体现出来，并能够很好地保证行为的合规性。品格有多种多样，是"复数的德性"，其中之一即为克己。克己不仅是优秀品格之一种，也是检察官"清廉"本色得以彰显的保障。斯密曾说："最完美的知识，如果没有最完善的克己或自我克制的功夫加持，将未必使他言行得以合宜正当。"① 因此，对检察官来说，重要的品格约束是克己，即要求："严守廉洁从检纪律，认真执行廉洁从政准则和廉洁从检规定，不取非分之财，不做非分之事，保持清廉本色"；"严格执行禁酒令，不在执法办案期间、工作时间和工作日中午饮酒，不着检察制服和佩戴检察徽标在公共场所饮酒，不酗酒。"

（四）职业作风

1. 职业作风的含义

什么是作风？首先我们从词源学的角度来考察。"作"字的本意是人而立起，含"兴起"之意，引申为工作、作为、做工。《易·乾·文言》："圣人作而万物睹。""风"字的初意是空气流动的自然现象，古称"八正之风"，引申为社会风气、风俗、风尚。风有教化之用，《孔传》："立其善风，扬其善声。""作风"就是人们在做事中兴起、形成的一种风气，是人们在生活、工作中一贯表现出的作派和态度。② 职业作风是指检察官在职业行为中所表现的比较稳定的作派、风格和态度。职业作风体现了检察官的职业道德品行、职业习惯、职业文化修养等综合素质。

2. 职业作风的伦理意义

作风属于道德范畴，但道德本身在作风建设中的作用是非常有限的。理由

---

① ［英］亚当·斯密：《道德情操论》，谢宗林译，中央编译出版社2009年版，第300页。

② 吴兵旭：《作风与良心》，载《河北公安警察职业学院学报》2009年第2期。

如下：① 首先，从作风问题产生的诱因来看，作风问题的产生有其深刻的传统因素和现实背景。因此不能把作风问题单纯归结为个体道德意识问题。其次，从道德作用的手段和尺度来看，道德属于一种"软"约束，对于顽劣不化者，除了言论上的谴责外，往往也无可奈何。最后，从道德调整的角度和范围来看，道德更多的是以"应然"为视角的期待性规范，提出高于生活现状的标准和要求。

因此，道德的"软"约束对作风建设难以产生直接的有力的影响。为此，职业作风建设的"制度化"成为不二选择。《检察官职业行为基本规范（试行）》将职业纪律纳入调整范围，以"制度化"的形式对职业纪律进行规范。

3. 职业作风的内容

职业作风包括以下内容：

（1）思想作风（第35条）。思想既是理性思维的成果，又是理性行动的指导。为保障和促进检察官严格、公正、文明、廉洁执法，检察官应"保持和发扬良好的思想作风，解放思想，实事求是，与时俱进，锐意进取，开拓创新，研究新情况，解决新问题，创造性地开展工作"。

（2）工作作风（第36条、第37条、第40条）。作风问题影响深远。虽然不能绝对化地讲"态度决定一切"，但良好的工作作风能够使人办事认真，忠于职守，脚踏实地，而这意味着良好的开始——成功的一半。对检察官而言，良好的工作作风包括："密切联系群众，遵循客观规律，注重调查研究，察实情，讲实话，办实事，求实效，不搞形式主义，不弄虚作假"；"更新执法理念，注重团结协作，提高办案效率，不要特权、逞威风"；"坚持理论联系实际，提高理论水平和解决实际问题的能力。"

（3）领导作风（第38条）。"火车跑得快，全凭车头带。"领导——特别是"一把手"——的行为与作风具有引导、示范之功效。曹建明检察长讲过，"'一把手'歪了，灾难深重"。为此要求位居领导岗位的检察官要"坚持民主集中制，充分发扬民主，维护集中统一，自觉开展批评与自我批评，坚持真理，修正错误，以身作则，率先垂范"。

（4）生活作风（第39条）。对检察官而言，生活作风问题绝不是小事儿。一方面，检察官为法律监督者，"正人先正己"，要有良好的严谨的生活作风，要自觉成为社会的表率；另一方面，生活作风问题往往与违法违纪、腐败行为相关联。如浙江省某市检察院纪检组长江某某晚上11点多到足浴店接受按摩

---

① 余超文：《制度建设作为作风建设的根本何以可能——基于道德、法律、制度的比较研究》，载《湖南社会科学》2009年第4期。

服务，与按摩女发生纠纷，被控告强奸并扭送公安机关。为此，检察官应保持"清廉"的本色，"艰苦奋斗，勤俭节约，克己奉公，甘于奉献，反对奢侈浪费"。

（五）职业礼仪

1. 职业礼仪的含义与意义

礼仪是人类在长期社会实践中逐渐形成的，用以维系社会正常生活和人际交往的最起码的道德规范，它以风俗、习惯和传统等方式固定下来，是我们在生活中不可缺少的一种行为模式和行为能力。对一个社会来说，礼仪是一个国家社会文明程度、道德风尚和生活习惯的反映；对一个人来说，礼仪是一个人的思想道德水平、文化修养、交际能力的外在表现。"致福曰礼，成义曰仪。"礼仪既是对他人尊重的体现，也是个人内在修为的外在展现。

职业礼仪是职业文化、职业精神、职业传统的一种外现，是从行为层面对"文明"的一种解读，是检察官履职活动中待人接物的一种职业行为准则和规范。检察官职业礼仪既承载着检察职业的文化传统、精神风貌和道德风尚，又承载着检察官个人品德修养和社交能力，因此，对检察官有着全方位的更高的更严格的要求。

2. 职业礼仪的内容

检察官职业礼仪包括以下内容：

（1）工作礼仪（第41条）。工作礼仪旨在规范检察官与同事的工作关系。要求检察官"团结、关心和帮助同事，爱护工作环境，营造干事创业、宽松和谐、风清气正的工作氛围"。

（2）接待礼仪（第42条、第43条）。接待礼仪主要是调整检察官与当事人或者其他有工作关系的人交往过程中的礼仪关系，要求检察官"遵守着装礼仪，按规定着检察制服、佩戴检察徽标。着便装大方得体"；"遵守接待和语言礼仪"，对人热情周到、亲切和蔼，用语文明、礼貌、准确、规范。

（3）外事礼仪（第44条）。随着改革开放，检察官的国际交往也越来越频繁：或走出国门进行参观访问、专业研修、学术交流，或接待来访的外国检察官或其他人士。因此，在交往中要求检察官"遵守外事礼仪，遵守国际惯例，尊重国格人格和风俗习惯，平等交往，热情大方，不卑不亢，维护国家形象"。

（六）职务外行为

1. 职务外行为的含义

职业伦理以调整和规范职务行为为旨趣和主要内容。职务外行为，与职务无关，一般来讲不应纳入检察官职业伦理范畴予以规范。但是，基于检察官有着司法官的身份,而对司法官的独立性和廉洁性则有着较常人更高的要求和标准。因而,为避免检察官因职务外行为的不当而陷入争议,破坏司法形象,影响司法公信力,故将检察官职务外行为纳入职业伦理规范。而从检察人员违纪情况来看,有相当部分是职务外行为。如今年发生的安徽省某县检察院书记员殴打小学生事件,以及南京护士被打事件,都属于职务外行为,从时间上看,发生于工作时间之外,从事件本身看,与检察职务行为无关。

职务外行为规范属于"检察官的身份伦理"。[①]身份伦理,是基于特殊身份而对职务外行为的规范和要求,一般包括政治活动、经济活动和私生活几个方面。我国检察官的身份伦理主要是检察官私生活中应当遵守的行为准则。

2. 职务外行为的内容

职务外行为的限制应本着必要和适度的原则,以"不利用职业的影响进行职务外活动和不从事影响职务内活动的职务外活动"为限。检察官职务外行为的规制范围主要包括:

(1) 社交行为与言论(第45条、第46条)。人具有社会属性,特别是中国社会是一个"熟人社会",人际交往,人情往来,是一项重要的社会习俗。生活于现实社会中的检察官不可能完全与社会绝缘,断绝一切人际交往与人情往来,但基于身份伦理,检察官应"慎重社会交往,约束自身行为,不参加与检察官身份不符的活动。从事教学、写作、科研或参加座谈、联谊等活动,不违反法律规定、不妨碍司法公正、不影响正常工作";"谨慎发表言论,避免因不当言论对检察机关造成负面影响。遵守检察新闻采访纪律,就检察工作接受采访应当报经主管部门批准"。

(2) 道德修养(第47条、第48条、第49条)。2014年1月7日习近平总书记在中央政法工作会议上的讲话指出:"政法工作做得怎么样,直接关系广大人民群众切身利益,直接关系党和国家工作大局,直接关系党和国家长治久安,直接关系'两个一百年'奋斗目标和中华民族伟大复兴的中国梦。"检察官作为政法工作者,肩负着法治中国建设的重要使命,负担着法律监督的重要职责,党和人民对其寄托着殷切希望。因此,检察官在职务外也应成为道德楷模,做到:"遵守社会公德,明礼诚信,助人为乐,爱护公物,保护环境,见义勇为,积极参加社会公益活动";"弘扬家庭美德,增进家庭和睦,勤俭持家,尊老爱幼,团结邻里,妥善处理家庭矛盾和与他们的纠纷";"培养健康情趣,坚持终身学习,崇尚科学,反对迷信,追求高尚,抵制低俗。"

---

① 万毅:《检察官职业伦理的划分》,载《国家检察官学院学报》2014年第1期。

专题十一　检察官职业伦理养成

　　检察官职业伦理的养成实质上就是检察职业伦理的实践问题，也就是将检察职业抽象化的、观念形态的伦理准则转化为检察官常态化的行为模式和习惯。无疑，这是我们进行检察职业伦理建设的终极目标和追求，同时又是一项最为复杂和困难的任务。我们知道，生活中一项普遍性的经验法则是"知易行难"，也就是我们的认知与我们的行为往往是相脱离的——很多时候，我们能够认识到事物发展的规律所在、价值所在，但是我们的行为却偏离了这一规律或价值的指向，甚至完全与之背道而驰。正如有学者指出的："从一些错案和司法腐败案件来看，现在的问题主要不在于知识水平不高，而在于道德素质不高。"[①] 这一方面说明了检察职业伦理建设之于检察业务、队伍建设独立的不可或缺的价值和意义，同时说明，检察职业伦理建设是一项极其复杂的系统工程，非单纯的道德教化、提高检察官对于职业伦理的认知水平所能达成。

　　为推进检察职业伦理规范的构建和伦理意识的养成，首先必须明确两个问题：一是检察职业伦理建设的主体与客体问题；二是检察职业伦理养成的路径和方向问题。就第一个问题而言，检察职业伦理显然是检察官[②]伦理：一方面只能由检察官自己来构建，另一方面只能用来规范检察官自身的行为。检察职业伦理是一种职业伦理，职业伦理是职业成员的一种自我约束机制，只能通过职业共同体来构建，职业共同体为职业伦理的生成提供动力和机制。既如此，我们应从检察职业共同体建设入手，来推动检察职业伦理的生成和发展。就第二个问题而言，应当明确的是，检察职业伦理并非某种单一化的东西，而是一种多面性的存在：其一，它是一种应然的、合乎检察职业目标和责任、合乎公正的制度和规范体系；其二，它是一种检察官主观上认知和信仰的价值理念和道德意识形态；其三，它是检察官在司法实践中的行为模式和习惯。这几个方

---

　　① 谢鹏程：《检察官职业道德建设是专业化建设的新境界》，载《检察日报》2009年11月20日第3版。

　　② 此处的"检察官"是广义的：首先是指检察业务人员，即实际履行法定检察职能的人员，其次在一定程度上也包括检察行政人员，即在检察机关从事机关事务、人事、后勤管理（如办公室、政工、纪检、法警等）的检察辅助工作人员，但不包括检察机关内纯粹的工勤人员（如司机、收发、保洁、维修人员等）。

面相对独立又相互联系，交互作用，彼此促进。为此，我们应从规范、意识、实践三个层面着手，协同推进检察职业伦理的发育与发展。

一、推进检察职业共同体建设

近年来，在推进司法和检察制度改革的进程中，我们一直致力于检察职业化建设，取得了明显成效，典型的如以通过国家统一司法考试作为检察职业准入的门槛（至少就检察业务人员而言）；坚持并不断强化对检察人员的专业知识、业务技能、执业规范和职业伦理的教育培训；逐步提高了检察人员的职业保障水平。这些举措不仅大大提升了检察工作的职业化水平，而且对于检察职业共同体建设也具有重要意义。但是，应当看到，这些措施仍然是初步的，距离构建一个成熟的职业共同体的目标仍有差距：一是在职业准入方面，虽然制度要求预备检察官的任职条件是取得司法考试资格证书，但这只是对后来者的要求，对于已具有检察官身份的人来说则无此要求。更重要的是，目前进入检察院担任领导职务的，根本无需司考证书这一"硬件"，完全基于人事安排和政治考量。这样导致的结果是检察队伍整体的专业化水平不高。二是在检察官管理模式上，迄今为止依然采取行政化模式，检察官形同公务员，按行政级别享受相应待遇、晋升职级。在执法决策上，实行上命下从，检察官个体无独立的判断和决策的权力。另外，检察官并非一个纯粹的法律职务，很多具有此种身份的人从事的却只是一般性的行政事务，检察业务人员和检察行政人员存在岗位上的交叉混同。三是检察职业保障仍然不足，检察官缺乏足够的职业荣誉与尊严，因而也缺乏对职业伦理认同和遵行的自觉性、积极性。四是虽然已经有了作为检察职业共同体组织形式的检察官协会、女检察官协会，但是这些协会具有较浓厚的"官办"色彩，内部结构仍然延续着机关的行政化模式，成员之间是不平等的，缺乏应有的自治性、民主性。平日除组织一些理论研讨、业务经验交流、文化娱乐活动外，未在职业伦理建构、监督成员遵守职业伦理等方面发挥主导性功能，和普通的社团组织无异。

因此，要切实有效地推进检察职业伦理建设，必须从强化检察职业共同体建设这一基础性工作入手：

1. 进一步完善职业准入制度。只有严把"进口"关，才能保持队伍的纯洁性，保持检察官群体的高素质。如果进入的门槛较低，必然成分芜杂、良莠不齐，导致劣币驱逐良币，检察职业本身也难有尊严，难以树立良好的社会形象。为此，不仅要坚持预备检察官必须取得司考证书这一进入原则，在任检察官也必须通过在职培训和考核，达到与司考通过者相当的水平。另外，担任检察院领导职务者也必须具有法律专业知识背景，其条件应比普通检察官任职条件更加严格，而不是相反。

2. 改革当前检察官管理中的行政化模式。在职级待遇上，建立独立于公务员序列的检察官专有序列，以利于从专业角度对检察官的业绩进行考评和职级晋升；在组织和业务管理上，虽然检察机关的组织结构及检察权行使有一定的行政属性，因此保持一定程度的检察一体是必要的，但是检察权还具有较强的司法属性，因此应尊重司法规律，适当加强检察官在行使职权时的相对独立性，减少行政依附和行政控制，提高检察官职务行为的自主性。因为只有自主，才有自尊和自律，才有利于强化检察官的道德意识，使之独立承担道德责任；在队伍管理上，严格实行检察人员分类管理制度，检察业务人员和检察行政人员在职责、岗位、待遇等方面完全分立，避免跨系列任用和调配人员，以利实现专业化。①

3. 不断提高检察官队伍的专业化水平。专业化是职业共同体赖以存在的基础，是共同体的粘合剂。虽然专业化程度高并不意味着职业道德水准一定很高，但是一个缺乏专业化的职业群体其职业道德水准必然不高，因为在这样的职业群体中，职业伦理规则很难推行。要提高检察官队伍的专业化水平，除了如前所述实行严格的职业准入制、完善队伍管理模式等以外，还应对检察官实行终身的职业教育和培训。在培训方式上，不一定要采用脱岗集中培训方式，网络学习、讲座、研讨会、参观交流等都是可以采用的方式。

4. 完善检察职业保障，让检察官仅凭职业收入能够过上一种体面的生活，保持一份职业的尊荣。② 这样不仅可以抑制和减弱检察官违法的动机，而且可以提高其违法的机会成本，从而使检察官不想且不敢做违法和违背职业伦理的

---

① 目前，中央依据十八届三中全会关于深化司法体制改革的精神，在全国部署推进四项重点改革，即完善司法人员分类管理、完善司法责任制、健全法官检察官人民警察职业保障制度、推动省以下地方法院检察院人财物统一管理等，并选定上海等六省区司法机关进行改革试点。高检院自身也选定部分省市县检察机关推行检察官办案责任制等改革试点。可以预料，随着改革的深入推进，多年存在的检察官管理的粗放问题、检察权行使的行政化问题、职业保障问题等有望得到根本的改变。

② 在此，管理当局要破除司法官等同于普通行政公务员、司法官的收入不应高于普通公务员薪资的观念。司法工作是专业性、技术性的工作，就个人付出的时间及其他资源成本来说，司法官的养成要比普通公务员的培养付出更大的成本，因此司法官理应比普通公务员获得更高的职业收入。另外，不能以现实中司法官员的素质不高为由而拒绝为其提高薪资待遇，须知价廉则物次、价高则物美的道理。而且，在这次中央关于司法改革的决定中，提高司法职业保障水平是其中一项重要内容。对司法人员来说，我们有理由对今后的职业保障水平持有乐观的预期。

事。为此，应推行司法预算的法制化和执行机制的硬化，避免预算的随意性，避免受制于行政机关或个别领导人的个人意志，以致丧失检察（司法）职业的独立性。

5. 加强由检察官组成的社团组织建设，完善内部自治机制。职业伦理建设不应是官方主导的行为，而应是一种民间化的行为，因此行业组织、职业团体才是职业伦理建设的真正主体，而职业伦理则是某种社团、行业自我规范、自我管理的一种工具和载体。

目前在检察系统，成立有中国检察官协会、地方检察官协会、女检察官协会等，它们是由检察官组成的行业自治团体，其在检察职业伦理建设上负有使命，也具有组织上、经验上、方法上等多方面的优势。通过协会成员之间思想上的相互交流、工作上的相互提携、生活上的相互关照、行为上的相互督促，可以有效提高检察官对职业的归属感和荣誉感，营造健康向上的检察职业文化氛围，促使检察官养成良好的职业习惯和职业伦理意识。此外，共同的制式服装、在重要的时机或场合组织检察官进行履职宣誓等仪式化的活动，都可以给检察官以职业身份的提示，从而强化其职业共同体意识和使命意识，对加强检察职业伦理建设大有裨益。

须注意的是，检察行业性社团在组织管理上，应去官方化（行政化），增强其自治性、民主性，避免成为第二机关。社团成员在地位上一律平等，无级别高低之分，每位成员都可以就社团组织建设（包括职业伦理建设）提出意见和建议，这样可以最大限度调动成员的积极性，凝聚最大多数成员的智识，共襄职业（事业）的发展。

另外，不应局限于检察系统内部来思考检察职业伦理建设问题。检察职业只是整个法律职业中的一种，应考虑将检察职业伦理建设纳入整个法律职业伦理建设中来谋划进行。但在目前，法律职业伦理建设、职业共同体建设由各法律实务部门（法院、检察院、司法行政部门）各自主导进行，各方之间不交叉、不互动。虽然不同的法律职业均有其特殊性（包括特殊的伦理），这种特殊性应当受到我们的关注和研究，但是它们之间更有其同质性，在更大意义上，它们均属于同一个法律职业共同体，拥有同一个专业、技术平台，也应该拥有同一个价值和伦理平台。因此在条件成熟时，应该构建一个全国性统一的法曹协会，由法官、检察官、律师及其他法律服务工作者、法学学者等共同组成。在统一的法曹协会平台内，不同的法律从业人员在智识上相互补益、行为上互相监督，共同推动法律职业伦理的发展。

二、构建科学的检察职业伦理规范体系

从语义上说，伦理（ethical）本来代表的是一种道德信念、一种价值判断，它的存在形式表现为人的一种内心确信。[①] 但是对于一个人的内心活动，除了施行教化，外人很难进行干预。然而教化的作用是长期的、缓慢的，不可能有立竿见影的效果。因此要使某种伦理让他人所认同和接受并贯彻于其行为之中，必须借助于一种外显的规范。规范的意义在于使得伦理建设变得具有可操作性。通过伦理规范的制定和执行，有利于切实有效地推进伦理建设的进程。

伦理规范的功能表现在以下几个方面：一是价值提倡。伦理就是一种对人或事物的价值判断（对错、好坏、善恶、正当或不正当等），通过明确的伦理规范，可以使人们明确价值所在、方向所在、目标所在，从而为人们的行为提供指引。比如，《中华人民共和国检察官职业道德基本准则（试行）》将检察官的职业道德概括为"忠诚、公正、清廉、文明"。可以说，这四个方面的要求代表了四种价值，是检察官职业行为的总方向，亦堪称检察官的终极目标和毕生追求。二是行为诱导。伦理规范可以给人一种明确的信息，使人知道提倡什么，反对什么，从而知道什么是可以做的，什么是不能做的，这样就可将人的行为导入规范所设计的"轨道"上，就像公路、铁路为汽车、火车设计好了行进的道路一样，不沿着既定的道路行驶，就有"翻车"之虞。三是行为评价。在功能意义上，伦理规范相当于一把标尺，可依此"丈量"人的行为，是非、对错、善恶，可立分高下，并以此作为赏罚的依据，从而达到抑恶扬善的目的。

那么，检察职业伦理规范究竟应以何种形式存在，即它应当是一种价值宣示还是一种行为规则？所谓价值宣示，即仅仅表明规范的价值意义，其内涵颇具哲学意味，虽然这种规范可起到行为激励和指引的作用，但是无法据此衡量

[①] 伦理（ethical）和道德（moral）的含义究竟有何不同？有学者解释，在日常语言中，我们常常把 ethical 和 moral（以及 unethical 和 immoral）二词互换使用，这就是说，我们可以用 ethical 也可以用 moral 来形容人或行为。另外，我们讲 ethics 的准则，却很少说 morality 的准则。有些人只是在性生活领域才使用术语 moral 和 immoral，而当讨论企业或职业团体应该如何对待其成员或公众时，则使用 ethical 或 unethical。在词源上，ethics 源于希腊文 ethos，本意是品质、人格；morality 源于拉丁文 moralis，本意是风俗或礼貌。由此看来，ethics 似乎与人的个体品格有关，而 morality 似指人们的相互关系。参见［美］雅克·蒂洛（Jacques P. Thiroux）、基斯·克拉斯曼（Keith W. Krasemann）：《伦理学与生活》（第9版），程立显、刘建等译，世界图书出版公司2008年版，第5页。

行为是否符合规范的要求,故对行为基本无拘束力;① 所谓行为规则,即规范的内容明示行为的构成要素,并对符合构成要素的行为规定了相应的责任和后果,这种规范对行为有明确的强制性要求,故对行为有拘束力。有台湾学者将前一种规范称为期待性规范(aspirational codes),"系供为法律专业执行职务之最高道德标准,期许法律专业勉力实现之理想鹄的"。将后一种规范称为惩戒性规范(disciplinary codes),"指法律专业行为之最低公分母,对于违反者即施以惩戒处罚"。前者较为抽象,后者较为具体。② 这两种形式的伦理规范都曾出现于各国(地区)司法伦理准则之中,它说明伦理规范虽然和法律一样同属"规范"的范畴,均用来规制人的行为,但是与法律最大的不同是,伦理规范具有明显的道德性、劝导性,一般而言,其强制性、惩戒性较法律为弱。

在美国早期(19世纪末20世纪初)的司法制度史上,法律伦理基本都是价值宣示性规范,形同道德宣言,这种规范无可操作性、可执行性,对法律职业行为没有或者只有很小的影响力。为纠正上述偏向,此后(20世纪中后期)美国的法律伦理规范逐步趋于明确化、具体化、条文化,即针对司法实践中发生的各种违反伦理行为规定了相应的责任和惩戒措施,大大增强了法律伦理规范的拘束力。不过在当代,美国法律伦理又有重新转向的趋势,即转变为更多的价值宣示,更少的规则约束。③ 当然,美国法律伦理的规范形式的变化是与其法治发达程度及伦理发育的成熟程度相适应的,随着法律职业人员伦理意识的日益强化及违反伦理现象的日渐减少,法律伦理规范转变为更高层次的价值期待是合理的。

在我国司法实践中,法律(包括检察)职业伦理建设起步较晚,且一开始伦理规范的形式较多体现为价值宣示性、宣言性,典型者莫过于2002年3月最高人民检察院发布的《检察官职业道德规范》,通篇为4条,分别冠以

---

① 如《中华人民共和国检察官职业道德基本准则(试行)》第5条:"忠于党、忠于国家、忠于人民、忠于宪法和法律,牢固树立依法治国、执法为民、公平正义、服务大局、党的领导的社会主义法治理念,做中国特色社会主义事业的建设者、捍卫者和社会公平正义的守护者。"第9条:"坚持'强化法律监督,维护公平正义'的检察工作主题,坚持检察工作政治性、人民性、法律性的统一,努力实现执法办案法律效果、社会效果和政治效果的有机统一。"这些伦理规范只有价值宣示的意义,而无规范行为之功能。

② 王宝辉:《法律伦理法理分析》,载台北律师公会主编:《法律伦理》(影印版),第17页。

③ 参见[美]布莱恩·甘迺迪:《美国法律伦理》(American Legal Ethics),郭乃嘉译,台湾商周出版社2005年版,第25页。

"忠诚、公正、清廉、严明",内容高度抽象概括。① 鉴于上述《检察官职业道德规范》过于抽象,无可操作性、可执行性,2009 年 9 月,最高人民检察院重新发布《中华人民共和国检察官职业道德基本准则(试行)》,内容大大扩充,规则的明确性大大增强。

在我国,检察职业伦理规范在形式上究竟应更多地采用价值宣言式还是行为规则式,我们认为,两种伦理规范都各有其意义和功能,但考虑到我国检察职业伦理实践的具体情况,应更多采用行为规则式。理由是,我国检察(司法)伦理建设刚刚起步,检察人员的职业伦理意识相当薄弱,违背职业伦理的现象大量存在,因此仅靠宣言式伦理规范根本无法约束检察人员的职业行为,而应尽可能采用构成要素具体、明确的行为规则,并辅之以严格而恰当的制裁性后果,如此才能型塑检察人员的伦理意识和行为习惯。

我国现行有效的检察职业伦理规范为 2009 年最高人民检察院发布的《中华人民共和国检察官职业道德基本准则(试行)》(以下简称《准则》)。仔细审视这个准则,既有优点,也有不足。从优点方面看,相对于原《检察官职业道德规范》,《准则》在规则的全面性、明确性方面有很大进步,但不足之处也很明显:一是含有较强的政治性,政治伦理色彩较浓,这样可能弱化了其职业色彩;二是以"忠诚、公正、清廉、文明"来统率全部条文,原则、抽象、概括,体系有欠完整,涵盖面不甚周延;三是规范性、可执行性较弱,尤其是缺少惩戒规则。

检察职业伦理规范的制定是一项复杂、专业的工作,既要体现检察职业行为应有的伦理价值,又要具有现实针对性,即尽可能覆盖检察实践中所有可能出现的各种违背检察职业伦理的行为,还要具有可操作性、可执行性,要尽量避免伦理规范的虚置或虚化。我国台湾地区学者指出:"法律专业伦理规范之订定,一如其他各种专业伦理均由专业团体本于专业职能之公共服务精神,及从专业行为之不义行为进行反思加以订定。易言之,即由专业团体就专业行为之不义行为之经验事态及其可能性,建立具体而可行之伦理准据,此一过程即属内化(internalization)或证成(justification)。""法律伦理之订定,并非伦理想象或伦理武断,其伦理准据具有实践的(practical)及实用的(pragmatic)

---

① 具体为:"忠诚:忠于党、忠于国家、忠于人民,忠于事实和法律,忠于人民检察事业,恪尽职守,乐于奉献。公正:崇尚法治,客观求实,依法独立行使检察权,坚持法律面前人人平等,自觉维护程序公正和实体公正。清廉:模范遵守法纪,保持清正廉洁,淡泊名利,不徇私情,自尊自重,接受监督。严明:严格执法,文明办案,刚正不阿,敢于监督,勇于纠错,捍卫宪法和法律尊严。"

本质性征，对法律专业行为有其规范性及实用性之功能。"[①]

　　基于以上原则，我们认为，在制定检察职业伦理规范时，首先，要厘清检察职业伦理存在的领域；其次，要明确在每一领域之内的具体伦理准则；最后，以具体的伦理准则为指导，合理设计规则条文。在此试以"领域、准则、条文"为经纬，提出检察官职业伦理规范的框架：（1）政治伦理：即检察官应秉持的政治理念，参与政治活动的原则等；（2）专业伦理：即检察官从事职业行为、履行法定职责应谨守的伦理规则，这是检察职业伦理的主体部分，一般应包含以下内容：公正，独立，客观，尊重人权，程序正义，业务精进、勤勉敬业，效率，比例原则，检察一体，利益回避，尊重并诚恳对待法官、律师、当事人及其他诉讼参与人，保密，廉洁，等等；（3）生活伦理：即检察官于业外之日常生活中应奉行的伦理规范，包括：言论谨慎、慎重交友、禁止参加不当社交活动、谨慎出入特定场所，从事非本职事务之禁止及例外、禁止以不当方式参与商业活动，避免涉及不适当之金钱往来，馈赠财物之禁止及限制、接受招待之禁止及限制、文明、礼仪、充实新知，等等。至于具体的条文设计，应从检察（司法）实践中广泛收集各种检察官违反伦理的事例（案例），加以整理、归纳、分析，对各种违反伦理行为加以类型化，纳入检察职业伦理准则之中，并针对每种违反伦理行为设定合理的责任追究和惩戒措施。如此，才能保障检察职业伦理规范的针对性、可执行性、权威性、有效性。

三、强化和提升检察人员对检察职业伦理的认知和信念

　　在本源意义上，伦理作为一种判断、指导、规范人类行为善恶、好坏、对错的标准和规则，是一种心理存在、一种观念形态，与同样规范人类行为的法律规则有很大的不同。法律是由立法机关依照一定的程序制定的、以国家强制力为后盾的、由专门的司法机关代表国家执行的正式规则，或者说它是一种人为建构的、由一定的中心化机制保障其实施的成文规则。而伦理在一般意义上是人们在长期的生产、生活实践中，在人际交往和互动中逐步演化出来的规则，它是不成文的，其实施机制也是非中心化的。伦理规范的实施，一是靠主体内心的自律，二是靠人际间的相互监督、舆论非议，必要时也可能给予某种强制性制裁。在更经常的情况下，伦理是靠第一种方式即主体的自律和自觉实施的，无需外力的强制，但其前提是主体对伦理规范及规范背后所蕴含价值的高度认知和认同，并由此形成主体内心的确信和信念。

---

　　① 王宝辉：《法律伦理法理分析》，载台北律师公会主编：《法律伦理》（影印版），第17页。

就检察职业伦理规范而言，虽然它一般也是成文的，而且有某种正式的机制保障其实施，因此它在某种形式上很像法律（有人称为"准法律"），但它仍然属于伦理范畴而不是法律：首先，它是由检察职业共同体成员基于对检察（司法）行为应有价值的共识而达成的自治规则；其次，为保障检察职业伦理规范的实施，一定的外部监督和强制是必要的，但是它仍然主要（且必须）依靠检察人员的自觉、自律来实施。这不仅因为对检察人员大量的业内业外行为进行监督既困难又成本很高，而且过多的外部监督会伤害检察行为（作为司法行为）的独立性，最终可能得不偿失。因此，没有检察人员对检察职业伦理的高度认知、认同并自觉遵行，检察职业伦理是很难实施的。正因如此，强化和提升检察人员对检察（司法）伦理的认知和信念就是十分必要的。

如何提升检察人员对检察职业伦理的认知和信念？我们认为，其途径不外乎以下几种：

（一）加强检察人员的自我修养

伦理（或道德），包括职业伦理（或职业道德），反映一个人的内在品性，因此一个人道德水准的高低，完全在于其个人的自我修炼程度。任何外在的教化或他律强制也都必须通过作用于人的内心、通过转化为个人的道德认知和道德自觉，才能提升其道德水平。因此，任何人要成为一个"道德人"，加强自我修养是不二法门。在中国古代，修身是一个人一辈子的功夫，只有先做好"正心、诚意、修身"的功课，才能完成"齐家、治国、平天下"的事功。

检察官职业道德虽然在内容上不完全等同于个人私德，但是高尚的职业道德仍是需要通过检察官严谨的自我修养才能达到的境界。具体要做到如下几点：

1. 自重。所谓自重，本质是一种职业角色的认同，也就是检察官要时刻铭记自己的职业身份是国家法律监督权的执行者，是社会公平正义的守护者，始终保持一份对于自己所从事职业的崇高感和神圣感。如此，才能对自己肩负的责任和身负的使命心存敬畏，从而对自己提出更高更严的要求，慎用权力，循法而行，为公民的权利和福祉、为社会的和谐与正义而恪尽自己的法律职责。

2. 自省。所谓自省，就是经常反思检讨自己的过失，这是一个"道德人"日常生活中必做的功课。检察官代表国家从事执法和法律监督活动，手中拥有一定的权力。他既可以运用这种权力来维护国家、公共利益以及公民的合法权益，也可以利用它来为自己谋取私利。而在市场经济条件下，社会充满了各种诱惑：面对金钱，难免心生贪念；面对美色，难免心旌摇曳。如果把持不住，就会做出违背法律和检察职业道德的行为。因此每个检察官都要时刻保持清醒的头脑、自省的精神，经常以法律和检察职业伦理规则为标准检查自己的行为是否有所偏离，坚决克服那种违规的或非法的欲念和冲动。

3. 自律。自律就是自我约束，也就是管理和控制自己的欲望和情绪，使之不逾越规则和法律许可的范围。就一般人而言，在存在严密的外在监督和严格的他律强制的情况下，往往能够做到循规蹈矩，不敢逾越法律和规则的藩篱。但是当不存在外在监督或监督不严密时，就会放纵自己的欲望和情绪，从而做出越轨的事。所以，加强道德修炼的关键（也是最难之处）在于做到"慎独"。现代社会的检察工作是个性化、专业化很强的工作，工作的过程和结果（是否合乎法律规定）难以为外人所观察和判断。由于职业的需要，检察官独立办案的机会比较多，手里又掌握着一定的权力，这种权力经常会成为利益相关人（尤其是当事人）寻租的对象。一些犯罪分子为了逃避法律制裁，往往私下或以金钱来贿赂，或以美色来引诱，或以人情来软化。因此，当检察官身在"独处"的环境下，在只有"天知、地知、你知、我知"的时候，一定要谨记"若要人不知，除非己莫为"、"手莫伸，伸手必被捉"的古训，在任何时候、任何情况下，都不应心存侥幸。须知，一次、两次的违法行为也许不容易被发现，但是"常在河边走，哪有不湿鞋"，天长日久，违法的事实终究难以"雪藏"，到时候就悔之晚矣，现实中这样的教训有很多。所以每位检察官都应做到严格的慎独自律，筑牢道德防线，真正做到为检清廉。这既是为了维护整个检察行业的公信力和社会声誉，也是为了更好地保护自己。

（二）开展形式多样的检察职业伦理教育

虽然自我修养是一个人塑造道德品格、提高道德水准，进而成长为道德人的必经途径，但是仅仅依靠个人的力量一般是无法做到这一点的，而是需要外力的"牵引"，这种牵引力就来自教育。因为多数情况下一个人的道德认知、道德情感、道德信念等很难独自从其心灵中自然生长出来，而是需借助于外源的"种子"才能萌发。尤其是检察（以及司法）职业道德作为检察官在自己的职业活动中应该遵循的判断是非、善恶的准则，虽然其目标与一般性公共道德一样追求的是"公共的善"，但是这种"善"和人类天性中的"善"不同，它蕴含着更多"技术理性"的成分。这种技术理性并非仅凭一般人的常识理性即可把握，而是需通过专门的教育来"习得"。虽然，正如有学者指出的，道德教育的目的在于帮助人们更好地认识生活中的"善"为何物，而无法保证使一个人成为好人或"道德人"。① 也就是说,我们不能过高估计道德教化在道德建设中的作用(现实中很多满口道德辞令的人可能恰恰是伪君子)。但是如果离开了道德教育,人们就很难形成道德认知,也很难培养道德情感,树立道德信念,强化道德意志。关键是如何施行道德教育。

近年来,检察机关对于检察职业道德教育给予了高度重视,并采取有力措施推动职业道德教育在全国检察系统有序开展。2010年4月,最高人民检察院决定,集中一年时间在全国检察系统深入开展"恪守检察职业道德、促进公正廉洁执法"主题实践活动。这可视为检察机关一次规模空前的检察职业道德教育、宣传、普及和实践活动,应当说,它对于在全国检察机关和全体检察人员中普及职业道德意识,提升职业道德认知,确立职业道德信念,践行职业道德准则起到了有力的推动作用,取得了初步的成效。但是,必须看到,职业道德教育是一项长期的任务,非短期所能奏效,所以大规模、集中式、运动式教育活动并非最佳方式,要确保职业道德教育取得实效,必须使这种教育活动长期化、经常化、制度化。

如何开展检察职业道德教育?这是值得认真研究的问题,因为它关系到道德教育的实际成效。我们认为,应充分运用现代教育理念、模式、设备、技术,努力创新教育的载体、途径和方式。一是要将职业伦理教育融入检察官日常的教育培训规划中,使之与法律业务、专业技能培训并重;二是广泛应用案例教学方式,通过分析检察执法实践中的真实案例,分析检讨当事检察官对于职业伦理的观念、意识、态度、行为,帮助检察官学员提高伦理认知和信念;三是编辑、出版有关检察职业伦理的图书资料,并组织开展读书会、研讨会等,推动检察官自我教育和相互学习、相互促进;四是开发、运用网站、手机客户端及微博、微信等社交平台,使职业伦理教育生活化、常态化,以收潜移默化、润物无声之效;五是搞好典型教育,充分发掘、利用在践行检察职业伦理方面的正反典型作为素材,以增强道德教育的说服力和效果。近年来,在全国检察系统,既有很多严格践行检察职业伦理的正面典范,也有一些践踏法纪、违反伦理的反面典型。这些"典型"无论正反,在角色、身份、境遇等方面与其他众多检察官相同或相似,差别仅在于对职业伦理的认知水平和信念程度。因此,利用这些"典型"素材进行职业伦理教育,具有强烈的真实性、感染力、说服力,可收到单纯的理念灌输无法达到的效果。在践行检察职业伦

---

① 参见张志铭教授于2007年3月15日在中国人民大学法学院所作题为"中国法学院的法律职业伦理教育问题"的演讲。载 http://wenku.baidu.com/view/88ac5d1dfad6195f312ba65e.html,访问日期:2014年7月20日。

理方面,新疆石河子市人民检察院退休检察官张飚应该是一个很好的典范。他作为一个"人微言轻"的普通检察官、一位已届退休年龄的检察官,不计私利,排除阻力,坚定执着地为素不相识的服刑"罪犯"(张氏叔侄)洗清不白之冤。他对检察职业的敬业精神、对法律的忠诚、对正义的信仰和执着、对他人的同情和博爱之心,感动了社会,教育了同行。他之所以能不计功利地去做这件事,其动力和信念就来自于其本人的良知。这也说明,良知是一位司法官最基本的伦理素质,而良知作为人类天性之"善"是人人俱足的,问题是它经常被俗世功利的"尘埃"所遮蔽。因此,要进行职业伦理教育,关键是要拂去"尘埃",启迪良知。另外,在近年来的检察实践中,有为数不少的检察人员因违反法纪、违背伦理而受到惩戒。这些反面典型,对于职业伦理教育同样具有十分重要的意义,即一方面通过对他们的惩戒,宣示了伦理规则的权威和效力,警戒其他检察人员不要再犯;另一方面,通过对行为的否定评价,可使检察人员从反面建立对伦理价值的确信。

(三)注重检察职业伦理文化的熏陶

文化是一种意识形态、一套价值体系、一种行为模式。如果说规则是显性的话,那么文化则是一种隐性的存在,它对人的行为的支配和影响是潜在的、无形的。西方学者普遍认为,文化是一种重要的"软实力"(soft power),[①] 它能够不借助物质力量而使一个社会或组织归于有序,富于内在凝聚力和外在影响力,达到真正的"善治",这就是文化的力量。因此文化建设是伦理建设的最高境界。

文化是一个多层次的概念,它不但是一个民族的灵魂,也是一个职业的灵魂,优秀的文化有助于某一职业群体培养出真、善、美的职业品格和职业操守。因此,要真正提升检察官职业伦理水准,就必须大力实施文化育检战略。要建构一种符合现代法治理念和司法伦理的检察职业文化,通过这种检察职业文化的熏陶,培植检察官对于法律价值的信仰和对检察事业的忠诚,将公平公正、程序正义、清廉文明等现代司法价值深植于每个检察官的内心,以此使检

---

① "软实力"概念由哈佛大学肯尼迪政府学院(Kennedy School of Government)前院长约瑟夫·奈(Joseph Nye)教授于1990年提出。奈认为,美国在此前的几十年中利用文化和价值观方面的软实力,成功地获得了很大的国际影响力,但后来越来越多地使用"硬实力"(尤其是军事力量和经济手段),影响力反倒日趋式微。就企业和品牌而言,同样有软实力和硬实力,决定一个企业竞争力的,主要不是硬实力,而是软实力。对像检察机关这样的国家机关而言,机关文化同样决定着机关的影响力、公信力,对机关的事业发展至关重要。

察职业伦理从价值到规范完全内化为检察官的心理结构,这样无需任何他律,检察官的行为将无不合于检察职业伦理规范的要求。当然,检察职业文化的建构及其对检察官的心理熏陶将是一个长期的缓慢的过程,但它又是推进检察职业伦理建设最有效的途径。

关于检察职业伦理文化的建构,一个重要的问题是这种文化的载体是什么,只有找到恰当的载体,才能顺利推进检察职业伦理文化的建构。应当说,检察职业伦理文化的载体是纷繁多样的,但总体上可分为两类:一类是物质层面的,另一类是精神层面的。就物质层面而言,检察机关的办公场所、设备、执法工具以及检察官的职业服装等都是具有某种特定含义的职业符号,都属于检察文化范畴。但是文化在更大意义上属于一种精神范畴,具体体现为价值、观念、语言、制度、规范以及行为模式、习惯等。具体到检察职业伦理文化的建构,应当着重从精神层面来进行。就此而言,检察职业伦理规则的制定、对这种规则的宣传、普及、教育以及规则的执行(即对违背伦理规则者施以惩戒)等都属于检察职业伦理文化建构的过程。但是仅此显然是不够的,我们还应寻求更重要、更有效的载体和途径。我们知道,文化最重要的载体是文学和艺术,文学和艺术因其易接受性和感染力而对文化的推广和传承发挥着重要而独特的作用,因此它们也应成为检察职业伦理文化建构的载体。近年来,检察机关每逢重大节庆,大多举办诸如诗歌、散文、书法、摄影、文艺汇演等文化活动,既活跃了机关文化氛围,又丰富了检察官的精神生活,其中融入了很多伦理元素,是检察职业伦理文化建构的重要形式。另一个更为重要的文化载体是影视剧,影视剧以其生动的视觉形象、精巧的故事构思而有引人入胜之效,它对于传播、普及某种价值观、伦理意识及其他文化元素具有十分突出的作用,因此也一定能够在检察职业伦理文化的建构中大显身手。近年来,有关机构拍摄、制作了很多检察题材的影视剧如《远山》、《反腐风云》、《主诉检察官》、《正义的重量》、《良心》等,在检察系统和社会上引起了较好的反响。虽然在制作水平上仍有待提高,但影视剧作为一种重要的文化载体在检察职业伦理文化建构方面大有可为。

(四)遵守检察(司法)礼仪,养成检察官优雅气质

从本义上说,"礼"是指礼节、礼貌,"仪"是指仪式、程式,二者合起来就是通过一定的仪式来向某种人或事物表示尊崇或敬畏,借以确立某种礼

制、规范。礼仪是人类社会文明发展的产物,也是文明的表征。[①] 在司法领域,特定的礼仪规范则是司法伦理的要素之一。

司法作为一种调处社会矛盾纠纷的专门性活动,在长期的实践中,逐渐发展出一套独特的礼仪规范,典型如法庭的陈设,法官、检察官乃至律师的法槌、法袍,以及法庭审判过程中一系列独特的程式、语言等。这些礼仪作为司法的专有符号语言,并非纯粹形式化的繁文缛节,而是有其独特的意义:一是营造并向公众传达司法的庄重感、严肃感(甚至神秘感),使公众对司法产生某种敬畏,借以提升司法的权威,体现法律的神圣和庄严;二是通过独特的礼仪程式使司法与一般的世俗活动相区隔,由此使司法与社会保持一定的距离,以此强调和保障司法的非人格化和独立品格。

司法礼仪不只是表现为法庭的仪式化规范,更多表现为法官、检察官于业内业外、日常生活中的言谈、举止及着装等,即所谓仪表和仪态,其直接反映一个人的内涵及修养。一个人如果言谈有礼、举止优雅、着装整洁,必然给人以良好印象及审美观感;反之,如果言谈粗俗、举止轻浮、形容猥琐,则会招致他人的负面评价及反感。作为普通人,如果在仪表、仪态方面有失检点,可能仅仅是个人问题,但是法官、检察官作为法律的代言人,代表了司法的形象,某种程度上代表了国家的形象,因此法律对其仪表、仪态更有特殊、严格的要求。如果一位法官(检察官)在与人交往中言行过于随意,不拘小节,则会有损整个司法行业的形象和尊严,进而损害司法权威。因此,检察官不应将自己的仪表、仪态问题视为"小节",而应时常自我检省,努力做到温文有礼、端庄大方、气质优雅,保持执法者应有的良好形象。具体应注意以下几个问题:一是在履行检察职务时着检察制服,正确佩带检徽。制服应合体得宜、干净整洁,避免破损和污渍;二是在法庭上或在其他执业过程中,对法官、律师、当事人及其他诉讼参与人保持应有的尊重,言词表达礼貌而庄重,客观公正,合乎法度,避免偏激化语言,避免方言俚语,不得使用粗俗语言,更不得搞人身攻击;三是在日常生活中,也不应忘记自己的职业身份,而应保持必要的严谨自律,慎重交友、谨慎出入社交场所,避免不当言论,避免不良嗜好,以及不做其他有损检察官形象的事。

---

① 据称,在人类社会早期,为了表达对神明或祖先的敬畏,原始礼仪即已产生。人所共知的是,中国西周初年,周公制礼(人称"周礼"),正式确立了天子、诸侯、大夫等社会各阶层的等级制秩序和礼仪规范(即所谓"订礼乐,别尊卑,序人伦"),使中国社会文明前进了一大步。人们认为,周礼对后世中国文明和文化的发展产生了重大影响,中国由此号称"礼仪之邦"。

四、健全完善检察职业伦理实践机制

检察职业伦理不是口号,不是花瓶,不是检察人员口头的华丽辞藻,其全部的价值在于实践,即在检察人员的日常行为中得到切实的贯彻执行。实践不仅是检察职业伦理的终极目的,而且可以反过来进一步充实和完善检察职业伦理制度、规范,进一步强化检察人员对于检察职业伦理的认知和信念,从而进一步推动检察职业伦理建设不断迈向更高水平。

如何推动检察职业伦理在实践中的贯彻落实?我们认为,应当建立健全如下几种机制:

(一)激励机制

所谓"激励",就是对行为人给予某种利益或施加某种损害以刺激和诱导行为人产生某种行为的动机,从而采取社会期待于他的行为。其中,采用利益诱导的方式被称为正面激励,而采用施加损害的方式被称为反面激励。此处所说的"激励"仅指正面激励,反面激励则属下文中所阐述的惩戒机制的内容。

心理学理论和经验事实证明,激励方式对于一个人的行为大有影响,适当的激励可有效引导一个人采取他人或社会期待于他的行为。这种激励又可分为两种模式:一是物质激励,二是精神激励。物质激励是人们通常采用的方式,就是通过物质奖励来刺激人们采取所期待的行为。精神激励就是通过同行或社会的赞赏或颁赐荣誉称号的方法诱导人们进一步采取某种预期的行为。

在检察职业伦理建设的实践中,可广泛运用激励机制来推动检察官遵守和践行检察职业伦理。比如,在物质激励方面,对于模范践行检察职业伦理的人可给予奖金、加薪等奖赏。一种更好的办法是为有良好职业道德表现的检察官提供优厚的退休后待遇。因为要等到退休之后才能享受到这种待遇,一旦有违背职业伦理的行为,此待遇就会被取消,这样可督促有良好伦理表现的检察官始终如一地认真践行检察职业伦理,不敢有丝毫的懈怠和越轨表现。

在精神激励方面,关键是要使那些模范践行检察职业伦理的人享有高度的荣誉感和满足感,从而进一步强化其恪守和践行检察职业伦理的动机。我们知道,人们都喜欢听到他人的赞扬,赞扬比惩罚更能有效地塑造一个人的行为,这就是"赏识教育"发挥作用的原理。在检察职业伦理建设中可充分运用这一原理。在这方面,我们可借鉴香港多年来在推进社会道德风尚建设方面的传统做法,即对于那些作风清正、行事端方、道德卓越的社会知名人士封赠"太平绅士"称号,如此一是可以激励其继续模范践行社会道德规范,二是他们作为社会道德楷模可以对整个社会公众起到表率和引导作用。

（二）监督机制

在防范违法或违背道德等违规行为方面，监督是通常的和必要的途径和方式。监督的目标和任务就是最大可能地发现违规行为。但是由于一个人的行为很容易被隐藏，这给监督带来了极大的困难，因此监督很难覆盖全部的违规行为。然而一个完善的监督机制至少可以使检察人员不致明目张胆、公然实施违背检察职业伦理的行为。这就是监督的意义所在：增加检察人员实施违规违法行为的难度。

对违背检察职业伦理的行为，目前可采取的监督方式主要有党纪政纪监督、领导及同行的监督、媒体监督、社会监督等，这些监督方式各有其优势和不足。因此须综合运用各种监督方式，编织一个完善的监督网络。须注意的是，任何监督机制要想真正发挥作用，都有赖于被监督者的行为过程的透明化。就检察职业伦理建设而言，要使检察官的职业行为受到严密监督，就要实行真正的检务公开，使检察（司法）程序的运行透明化，这样检察官就不容易隐藏自己的行为，从而就不敢做出违背检察职业伦理的事。

（三）道德考评机制

道德考评机制就是由相关机构和人员对每位检察官在职业活动中践行职业道德的情况进行考核和评价，以作为表彰、加薪、晋升或批评、警告、减薪、降级等相应处置措施的依据，它是实施监督机制和奖惩机制的一个重要的辅助机制。经验表明，建立并严格实施道德考评机制，对于督促检察官恪守和践行检察职业道德具有非常重要的作用，它在很大程度上弥补了监督机制可能出现的失灵，使检察官时时处处不敢懈怠自己的职责，不敢轻易作出违规行为。

要使道德考评机制充分发挥作用（而不是走过场），关键是如何对这一机制进行科学的设计。对一个行为的道德评价本质上是一种社会评价，而非自我评价，因此评价机制应具有开放性、公开性、公正性。首先，各检察机关应建立一个常设的道德考评委员会，为保障该委员会能够客观公正地运作，应使其独立于本单位领导机构，使之完全"民间化"，保证其道德评价的公信力。委员会的成员由本单位的领导人员、普通检察人员、社会上接近和了解检察工作并热心公益的人员（人大代表、政协委员、司法同行、法学学者等）共同组成。在委员会之下设立常设办事机构。其次，在程序设计上，第一步为征集资料阶段。可从三方面征集评价资料：一是检察官本人对自我职业道德表现的书面鉴定和评价；二是单位同行乃至司法同行对某检察官践行职业道德状况的评价；三是社会相关人士（尤其是案件当事人及其家属、律师、诉讼代理人等）就某检察官的职业道德表现向检察机关的投书。另外，还可考虑在每一起案件结案后向案件双方当事人及其家属、律师发放"检察职业道德征询意见表",就本案承办检察官是否有不廉、不文明、不规范等违背检察职业伦理的行为提出意见(要求有事实和证据),以此作为对检察官进行道德评鉴的重要依据(这也是贯彻习近平总书记关于"让人民群众在每一个司法案件中都感受到公平正义"的重要举措)。第二步为分析和评定阶段。道德考评委员会对上述三方面的材料进行综合分析,给每位检察官的职业道德表现进行评分。可采用 10 分制,6 分以上为合格,其中 8 分以上为优异,5 分以下为不合格。第三步为处置阶段。道德考评委员会将考评结果提交检察机关领导机构(党组),并对考核优异者和不合格者提出相应的嘉奖或处置措施的建议,由党组研究作出处置的决定。当然,对考核不合格者,除非有重大道德过失或违纪违法问题,一般以教育、诫勉为主,不宜处置过重(毕竟违背职业道德和违纪违法在过错程度上等差有别,不能混为一谈)。第四步为将对每位检察官的道德考评情况及处置决定记入其个人档案,以作为晋级、晋职、嘉奖或进行降级、降职等处分的依据。为此,道德考评委员会应针对每位检察官设立"检察职业道德档案",并加以妥善保管。

(四)惩戒机制

为维护检察职业道德的有效性和权威,坚守职业道德的底线,对有严重道德过失的检察人员进行适当的惩戒是必要的。一般情况下,道德(伦理)是不靠惩戒这种强制手段来维护和实现的,因为不可能通过强迫手段使一个人成为"道德人"。但是,如果没有对有严重道德过失甚至违纪违法人员的惩戒措施,职业道德体系的根基就会受到侵蚀,职业道德的感召力、说服力和权威性都会受到极大的损害。美国政治学家威尔逊与犯罪学家凯林曾提出"破窗理论":如果有人打坏了建筑物上的一块玻璃,若未能及时修复,则其他人将接受到暗示性的纵容而打碎更多玻璃。[①] 此理论解释了一种社会现象:若有人实施了某种违规行为而未受到应有的惩戒,则会给人一种暗示——违规是可以容忍的(甚至是被容许的),这样就会出现更多的违规行为,规范就会形同虚设。因此,对每位违背职业道德的检察官,都要给予相应的惩戒(及时修复"破窗"),这是维护检察职业道德规则有效性、权威性的必要手段。

---

① 破窗效应(Broken windows theory)是犯罪学的一个理论,该理论由詹姆士·威尔逊(James Q. Wilson)及乔治·凯林(George L. Kelling)提出,并刊于《The Atlantic Monthly》1982 年 3 月版的一篇为《Broken Windows》的文章中。此理论认为环境中的不良现象如果被放任存在,会诱使人们仿效,甚至变本加厉。参见 http://baike.so.com/doc/5402767.html,访问日期:2014 年 7 月 22 日。

图书在版编目（CIP）数据

检察官职业素养教程/胡尹庐，胡卫列主编．—北京：中国检察出版社，2015.1
全国预备检察官培训系列教材/李如林，王少峰主编
ISBN 978 - 7 - 5102 - 1263 - 5

Ⅰ.①检⋯　Ⅱ.①胡⋯　②胡⋯　Ⅲ.①检察机关 - 职业道德 - 中国 - 教材　Ⅳ.①D926.3

中国版本图书馆 CIP 数据核字（2014）第 193198 号

检察官职业素养教程

胡尹庐　胡卫列　主编

出版发行：	中国检察出版社
社　　址：	北京市石景山区香山南路 111 号（100144）
网　　址：	中国检察出版社（www.zgjccbs.com）
编辑电话：	（010）88685314
发行电话：	（010）68650015　68650016　68650029　68686531
经　　销：	新华书店
印　　刷：	保定市中画美凯印刷有限公司
开　　本：	720 mm × 960 mm　16 开
印　　张：	11 印张
字　　数：	201 千字
版　　次：	2015 年 1 月第一版　2015 年 10 月第二次印刷
书　　号：	ISBN 978 - 7 - 5102 - 1263 - 5
定　　价：	38.00 元

检察版图书，版权所有，侵权必究
如遇图书印装质量问题本社负责调换